Regina Maria Jankowitsch

Ich trete an!

10 Erfolgsfaktoren für alle,
die gewählt werden wollen

UEBERREUTER

ISBN 3-8000-7064-2
Covergestaltung: Bettina Dürrheim, www.arbeitsraum.at
Coverfoto: Veer Incorporated
Copyright © 2005 by Verlag Carl Ueberreuter, Wien
Druck: Druckerei Theiss, A-9431 St. Stefan i. L.
1 3 5 7 6 4 2

Ueberreuter im Internet: www.ueberreuter.at

Inhalt

Vorwort

»Wenn immer alle sagen: ›Politiker sind so schlecht‹, dann sage ich ›Dann macht's doch selbst!‹ Aber dann sagen sie: ›Nein, doch lieber nicht.‹« Anna Lührmann, Bündnis 90 – Die Grünen

»Viele Parteien haben Nachwuchsprobleme.« Ingo Rust, SPD

»How to«-Bücher gibt es wie Sand am Meer.
Wie man Kühlschränke an Eskimos verkauft, wie man für gutes Klima im Büro sorgt, wie man seinen Computer kostengünstig aufrüstet, wie man Warzen auf der Nase entfernt, wie man Blumen bindet, wie man Modedesigner wird, wie man inbrünstig »Hamlet« darstellt etc.
Doch wie man Partei-, Standes- oder Interessenpolitiker wird – so ein Buch gibt es nicht. Ein Handbuch für die ersten Schritte in die Politik, mit Tipps, mit Empfehlungen, mit Hinweisen, fehlte bis heute in den Regalen des Buchhandels.
Und das bei einem Berufsstand, der letztlich über wesentliche Geschicke unserer Gesellschaft befindet, der im Namen des Souveräns den Staat managen, gestalten und führen oder im Namen seiner Mitglieder Interessen vertreten soll. Bei einem Berufsstand, der wie kaum ein anderer täglich im Kreuzfeuer der Kritik steht und seit Jahren am untersten Ende des Image-Rankings herumgrundelt. Bei einem Berufsstand, der Probleme mit Nachwuchs und Qualität bekommt, weil immer mehr Menschen mit politischem Talent erst gar nicht einsteigen wollen.

Brauchen angehende PolitikerInnen und Funktionäre vielleicht keinen Rat?
O doch, sehr sogar.

Deshalb boomt ja auch der Coaching-Markt – allen Rezessionen zum Trotz. Abgesehen von parteiinternen oder kammer- und gewerkschaftseigenen Ausbildungsakademien sind wir als persönliche Berater Newcomern derzeit die einzige Quelle für individuellen Rat & Tat. Ob es die Studentin ist, die die Bank im Hörsaal mit dem Abgeordnetenmandat eintauschen will, oder der Manager, dem zugeredet wird, bei voller Fahrt umzusteigen, oder die Funktionärin, die aus der Verwaltung einer Organisation kommend in das politische Amt hineingerutscht ist, oder der Vereinspräsident, der eine Bürgerinitiative vorantreibt: Sie alle haben einen unterschiedlichen, aber gleichermaßen großen Bedarf an Vorbereitung auf ihre neuen Herausforderungen.

Vor diesem Hintergrund gab es drei gute Gründe für mich, »Ich trete an!« zu schreiben:

1. Ich möchte – über mein persönliches Angebot als Coach hinausgehend – Menschen unterstützen, die sich mit dem Gedanken tragen, für ein politisches Amt zu kandidieren.

Und zwar in mehrfacher Hinsicht:

- Es soll Schritt für Schritt erklären, was man professionellerweise tun und können muss, um beim Sprung ins kalte Wasser zu reüssieren.
- Es soll helfen, sich selbst und anderen zu gegebener Zeit die richtigen Fragen zu stellen.
- Es soll ein Gefühl vermitteln, welchen Einfluss man auf Qualität in der Politik nehmen könnte.
- Es soll die Möglichkeit verschaffen, sich am Beispiel anderer zu orientieren – und das wertvolle Gefühl zu haben, mit vielen Erlebnissen, Sorgen und Ängsten in bester Gesellschaft zu sein.

2. Ich möchte Verständnis für PolitikerInnen generieren.

Es ist nicht immer leicht und schon gar nicht immer lustig, Partei-, Standes- oder InteressenpolitikerIn zu sein oder im öffentlichen Leben zu stehen. Dieser Beruf ist über weite Strecken wunderbar – in seinen Chancen, für das allgemeine Wohl aktiv werden zu können und der Gesellschaft, uns, Impulse zu vermitteln.

Aber natürlich gibt es auch Schattenseiten, die – und das ist wahrscheinlich der Unterschied zu vielen anderen Berufen – sehr massiv auftreten können.

Die oftmals sehr schnell geäußerte Kritik an der Politik und ihren VertreterInnen schlechthin soll nicht aufhören, aber sie soll differenzierter und qualifizierter stattfinden können.

»Es gibt viel zu viel Intransparenz. Und daher kennen die meisten die Mechanismen der Politik nicht.« Marie Ringler, Die Grünen

»Politik muss man den Stellenwert zumessen, den sie verdient: Es ist ein höchst ehrbarer Beruf.« Dr. Peter Pelinka, »News«

3. Ich möchte Lust auf Politik machen.
Abschließend hat dieses Buch das Ziel, generell eine Belebung unseres politischen Lebens anzuregen:
• indem Leadership im eigentlichen Sinn – das allgemeine Wohl vor partei- oder machtpolitische Interessen zu stellen – zur anzustrebenden Tugend wird,
• indem ein allgemeines Bewusstsein für die Möglichkeiten einer neuen Politik wachsen kann und Zivilcourage vorbildhaft gelebt wird,
• indem unter solchen Umständen mehr engagierte und charismatische Menschen in die Politik gehen, für ein gesellschaftlich relevantes Ziel aktiv werden und ihre Spuren für eine bessere Zukunft hinterlassen.

»Ich trete an!« versucht den Weg zu einer anderen, einer höheren Qualität in der politischen Auseinandersetzung zu finden – und zwar völlig unabhängig davon, welcher Weltanschauung oder welcher Organisation jemand angehört.
Da habe ich mir viel vorgenommen, meinen Sie?
Vielleicht. Aber aus meiner Sicht unumgänglich.
Denn natürlich ist mir klar, dass ein solches Buch – wie bemüht, tugendhaft und korrekt es in seinen Aussagen und seinem Anspruch auch sein mag – das politische Universum nicht gravierend verändern kann. Aber es könnte einen Impuls setzen.
Handwerkliche Professionalität statt Naturtalent, große Liebe zu den Menschen statt Parteienpopanz sowie Mut statt »Da wählt uns dann keiner mehr beim nächsten Mal« sind entscheidende Kennzeichen für ein neues Zeitalter in der Politik, das bald vor uns liegen möge.
Wir können zuversichtlich sein: War vor wenigen Jahrzehnten die soziale Kompetenz einer Führungskraft in der Wirtschaft ein völlig nebensächliches Beiwerk und ist dies heute unabdingbare Voraussetzung, so kann sich – und muss sich – in den kommenden Jahren auch die Politik Basis-Qualitätskriterien verschreiben.
Es muss wieder eine große Aufgabe werden, für das Gemeinwohl tätig zu sein.
Und die Besten sollen sich darum reißen, für die Geschicke unseres Landes, unserer Region, unseres Wirtschaftsraums Verantwortung übernehmen zu dürfen.

Ich habe für dieses Buch Standes-, Interessen- und ParteipolitikerInnen in Deutschland und in Österreich interviewt, die erst seit kurzem »dabei« sind. Denn es war mir wesentlich, von jenen, die diesen Schritt erst unlängst gemacht haben, möglichst aktuell und möglichst authentisch zu erfahren, welche Herausforderungen die ersten Tage auf dem politischen Parkett kennzeichnen und welche Qualitätskriterien aus ihrer Sicht denn in der Politik Bestand haben sollen.

Darüber hinaus waren eine Hand voll Spitzenjournalisten zwischen Berlin und Wien – alle aus dem Bereich Innenpolitik – bereit, mit mir über ihre Wahrnehmung von Newcomern zu sprechen, mir ihre Eindrücke über die großen Strömungen und Tendenzen rund um den politischen Beruf zu schildern.

Es war ein tolles Erlebnis, festzustellen, dass quer über die Parteigrenzen hinweg die Einstellung zur Politik, der Idealismus und der Pragmatismus bei meinen InterviewpartnerInnen nahezu ident waren. Will heißen: In ihrem Bemühen, eine andere Art der Politik zu machen, sind sich »die Neuen« egal welcher Farbe ziemlich einig. Und das gibt Hoffnung.

An alle meine insgesamt 27 Interviewpartner an dieser Stelle ein herzliches Dankeschön für ihre Offenheit, ihre Transparenz und ihre Ernsthaftigkeit, mit mir über ihre Tätigkeit zu reflektieren, und für Sie, liebe/r angehende/r Neo-PolitikerIn, liebe/r angehende/r Neo-FunktionärIn, Tipps und Empfehlungen zu entwickeln.

Gleichfalls bedanken möchte ich mich bei all jenen, die mir im Hintergrund geholfen haben, wie Jed Kee, Lynn Offermann und Kathleen Schafer, Professoren von der George Washington University/Washington D.C., Mag. Thomas Hofer, Mag. Nicolas Pawloff und Dr. David Campbell sowie Stefan Beißwenger vom BDI.

Mein Dank gilt aber genauso auch Ihnen selbst, der/die Sie sich gerade überlegen, Ihre Kräfte in das Interesse des Allgemeinwohls zu stellen. Möge »Ich trete an!« für Sie eine weitere Entscheidungshilfe darstellen! Mögen Sie Ihren Plänen und Vorhaben näher kommen und Sie nicht ein weiteres Mitglied in der großen Gruppe der Desillusionierten, Enttäuschten und Zynischen werden.

In diesem Sinne wünsche ich Ihnen alles erdenklich Gute.

Viel Energie, viel Freude und viel Erfolg.

Regina Maria Jankowitsch   Wien, im September 2004

Political Leadership –
Die Messlatte

»Politik ist keine Geheimwissenschaft, wie es viele, die seit 20, 30 Jahren Erfahrung haben, gern hinstellen.« Dr. Gerhard Seifried, SPÖ

In deutschsprachigen Landen gibt es fast so viele Einwohner wie Fußball-Teamchefs. Das ist eine alte Weisheit. Beinahe jeder glaubt, es eigentlich viel besser zu können als der Professionelle auf der Bank am Rande des Spielfelds, der natürlich nichts erkennt und nichts richtig macht. Fast genauso verhält es sich mit der Politik: 60 % der Deutschen wie der Österreicher geben an, den Durchblick bei politische Fragen zu haben[*], aber nur 23 % der Österreicher sind der Auffassung, die derzeitigen PolitikerInnen machen ihren Job gut und kümmern sich darum, was die Leute denken, und gar nur 20 % der Deutschen haben Vertrauen in den Bundestag[**]. Satte 75 % – so eine zeitgleich 2004 durchgeführte Untersuchung des TNS Emind im Auftrag der »Welt« – sagen gar, sie würden weder der Bundesregierung noch der Opposition zutrauen, die gegenwärtigen Probleme des Landes zu lösen. Der Umbruch ist also in vollem Gange und die Wertschätzung für die politischen Parteien und die sie vertretenden Politiker war noch nie so gering wie heute.
Gleichzeitig steigt die Zahl der Wechselwähler, immer weniger Menschen können sich mit einer Partei identifizieren und selbst die, die durch ihre Parteimitgliedschaft (3 % in Deutschland, 15 % in Österreich) noch ein Mindestmaß an Loyalität an den Tag legen, geben an, sich tatsächlich auch immer weniger mit ihrer Partei verbunden zu fühlen. Ent-Solidarisierung allerorten – das spüren seit den 90er-Jahren auch Gewerkschaften und andere Interessenvertretungen, in Österreich die Sozialpartnerschaft. Und die Wahlbeteiligung sinkt kontinuierlich.
Neue parteiähnliche Bewegungen entstehen, die zumindest kurzfristig sehr erfolgreich agieren: Die Schill-Partei in Hamburg, die 2001 gleich beim ersten Antreten in den Stadtsenat gelangt ist (mittlerweile allerdings

---

[*] Plasser, Das österreichische Politikverständnis
[**] Deutsches Institut für Wirtschaftsforschung (DIW), Berlin

wieder abgewählt wurde), in Österreich 2004 die Liste des Hans-Peter Martin, die auf Anhieb den Sprung ins EU-Parlament schaffte.

Die »Wählerprotestkultur«, wie sie der Politologe Fritz Plasser von der Universität Innsbruck nennt, blüht und gedeiht. Die Unzufriedenheit ist groß und die Ansprüche an PolitikerInnen steigen.

Gleichzeitig sind in der Politik Tätige mit einem Bündel an neuen grundsätzlichen Herausforderungen konfrontiert wie etwa:

- der Macht der Medien,
- der Globalisierung,
- der erweiterten EU,
- dem Aufbrechen alter Allianzen,
- dem hohen Tempo der Veränderungen in allen Bereichen,
- der höheren Kritikfähigkeit und -willigkeit der Bevölkerung und
- der fortschreitenden Amerikanisierung, will heißen Personalisierung der Politik.

Jedes Unternehmen, das sich mit seinen Produkten oder Dienstleistungen einer derartigen Fülle von Herausforderungen stellen müsste, würde alle Kraft in neue Strategien legen. Die Politik ist tunlichst beraten, das auch zu tun. Und da im politischen Leben – sei's auf der Ebene der Parteien, der Interessenvertretungen oder Bürgerinitiativen – der Mensch selbst das Produkt ist, muss der Homo politicus ebenfalls neue Strategien entwickeln und sich neue Fähigkeiten aneignen. So zu agieren wie noch vor 10, geschweige denn vor 20 oder 30 Jahren wäre fatal.

Zu Beginn des 21. Jahrhunderts wird die Persönlichkeit des Kandidaten, Amtsträgers oder Initiators immer wichtiger. Die Funktion, das Amt als solches tritt immer mehr in den Hintergrund. Das Verstecken hinter einem Titel oder einer Institution wird immer schwieriger. Sie können heute nicht mehr ohne Imagekratzer sagen: »Dies hat die Organisation entschieden, ich bin nur ausführendes Organ.« Der Ausspruch des ehemaligen österreichischen Bundeskanzlers Dr. Fred Sinowatz »Ohne Partei bin ich nichts« wirkt aus heutiger Sicht nicht wie 20 Jahre, sondern wie 100 Jahre vor unserer Zeit.

Dieser Trend zur Personalisierung ist eine generelle Entwicklung, die man nicht nur in der Politik beobachten kann. Auch in der Wirtschaft beurteilen Konsumenten und Öffentlichkeit Unternehmen immer öfter anhand der jeweiligen Führungskräfte und MitarbeiterInnen – und nicht mehr ausschließlich aufgrund der Produkte und Dienstleistungen. Vorstandsdirektoren und Geschäftsführer verleihen ihren Firmen entscheidende Wettbewerbsvorteile, wenn sie hinter ihren Chefzimmertüren hervorkommen und kraft ihrer Leadership-Fähigkeiten und nicht kraft ihrer Position führen.

Noch kennt Mitteleuropa keine amerikanischen Zustände, wo jeder Mann und jede Frau mit entsprechendem Wahlkampfbudget zumindest auf Bundesstaaten-Ebene unabhängig von Partei oder Ideologie gewählt werden kann. Doch auch in unseren Breitengraden entscheidet der Faktor »Persönlichkeit« immer öfter Wahlen, selbst wenn das parlamentarische System noch immer vorherrscht. So haben bei der deutschen Bundestagswahl 2002 Gerhard Schröder und Joschka Fischer ad personam nachweislich den knappen Sieg mitbeeinflusst, so ist die Karriere des Jörg Haider in Österreich nahezu ausschließlich auf dessen Persönlichkeit und viel weniger auf ein Parteiprogramm zurückzuführen.

Persönlichkeit und Image sind zu 87 % sowohl in Deutschland als auch in Österreich für den Erfolg eines politischen Kandidaten verantwortlich. An zweiter Stelle der Erfolgsparameter: Medienpräsenz bzw. Kommunikationsfähigkeit bei Medienauftritten. Ob wir das wollen oder nicht: Der Trend, der Person mehr Gewicht zu verleihen, wird vermutlich anhalten. Zumindest gibt es keinerlei Anzeichen, dass es anders werden sollte.

»Die Gefahr ist groß, dass individuelles Können unter die Räder gerät und umgekehrt egozentrische Selbstdarsteller oder solche, die um jeden Preis Karriere machen wollen, hochkommen.« Dr. Peter Pelinka, »News«

Das Fazit kann für Sie, wenn Sie politisch aktiv werden wollen, daher nur lauten: Sie sind die Botschaft! Sie selbst sind Produkt & Dienstleistung zusammen.

Professionalität, Charisma und Glaubwürdigkeit

Wie können Sie nun Ihre Botschaften authentisch verkörpern und kommunizieren? Oder anders gefragt: Was bedeutet Political Leadership – politische Führung heute? Gibt es eine Messlatte dafür, an der Sie sich orientieren können, und wenn ja, welche?

Über den idealen Politiker/die ideale Politikerin sind seit Platons »Der Staat« Bücher gefüllt worden. Mehr als 2000 Jahre Kulturgeschichte der Menschheit ließe sich anhand der Darstellung des optimalen Homo politicus nachlesen – jede wichtige gesellschaftliche Strömung hat schließlich auch die Auffassung, wie die Männer und (seit dem 20. Jahrhundert) die Frauen an der Spitze des Staates beschaffen sein sollten, beeinflusst.

Und zweifelsohne hat auch die aktuelle Informations- und Kommerz-

Kultur ebenfalls ihre Spuren hinterlassen – die Sehnsucht nach einem idealistischen, konsensorientierten Spitzenpolitiker ist in den wissenschaftlichen Leitbildern der USA, die unsere politische Kultur stark prägt, unverkennbar. Die amerikanische Leadership-Forschung forciert dabei Begriffe wie »transformational« oder »inspirational« Leadership und unterstützt Offenheit, Transparenz und starke Bürgerbeteiligung als optimale Form der gelebten Demokratie. Wir sprechen von einem Politiker, der inspiriert, einer Politikerin, die begeistert, die Vorbild ist, gemeinsam mit ihr die Probleme unserer Welt zu lösen. Entscheidend ist in diesem Konzept für PolitikerInnen wie WählerInnen, nicht dem eigenen Machtstreben oder Egoismus nachzugeben, sondern im Interesse der Allgemeinheit Berge zu versetzen. Der Politiker sieht seine Rolle als Impulsgeber, der möglichst viele Menschen für die notwendigen Veränderungen gewinnen will. Die Veränderungen sollen aber nicht von einer abgehobenen Führungsschicht, sondern von der Bevölkerung auf Basis gemeinsamer Werte getragen und durchgeführt werden. Dieser Typ von politisch Aktivem fördert daher auch zukünftige neue Führungspersönlichkeiten, ist selbst kein Sesselkleber, sondern strebt von sich aus an, immer wieder Platz zu machen und sich neuen Aufgaben zu widmen. Wenn Sie so wollen, sind es in der Praxis PolitikerInnen, auf die der altmodische Begriff des Staatsmanns bzw. der Staatsfrau zutrifft.

Zusammenfassend können wir festhalten: Professionalität, Charisma und Glaubwürdigkeit bestimmen heute das Idealbild in der Politik. Was heißt das nun im Detail?

Professionalität
Der Meister seines Fachs zu sein, ist im Zeitalter der umfassenden Bildungsmöglichkeiten und des immer höher werdenden Wettbewerbsdrucks fast eine Selbstverständlichkeit. Oder anders gesagt: In der Politik muss man nicht jedes Mal Ihrer Meinung sein, aber man sollte immer und ausschließlich Ihre Professionalität – Ihre emotionale und Ihre fachliche Kompetenz – erkennen können.

Emotionale Kompetenz
• Respekt zeigen – und zwar allen Menschen gegenüber ungeachtet ihrer politischen Auffassungen – ist die Basis. Nur so kann in einer Demokratie konstruktiv gearbeitet werden. Natürlich ist es wichtig, Unterschiede zwischen Ihnen selbst und Ihren politischen Gegnern aufzuzeigen, und natürlich ist es legitim, zu attackieren, wenn es Ihrer Strategie entspricht. Doch wer ausnahmslos alles von Seiten des Gegenübers kritisiert und grundsätzlich jede Äußerung von vis-a-vis als Ausgeburt des

Schwachsinns darzustellen versucht, zeigt Schwäche. Respekt ist der Grundwert im modernen Political Leadership.

- Empathisch sein und zuhören können. Hat auch sehr viel mit Respekt zu tun, aber eben auch mit Einfühlsamkeit und mit Interesse an anderen Menschen. Es gilt die Bedürfnisse der Menschen zu kennen und zu verstehen. Und zwar aus eigener Wahrnehmung, aus erster Hand, nicht nur über Dritte. Meinungsforschung ist wesentlich, aber ersetzt nicht das Gespür des Politikers/der Politikerin für die WählerInnen. Nicht umsonst sind so genannte volksnahe PolitikerInnen auch immer besonders beliebt und erfolgreich gewesen.

- Reflektieren. Sich selbst zu kennen und sich kritisch zu hinterfragen erhöht die Effektivität von Führungskräften entscheidend. Das wissen wir aus Untersuchungen im Management. Im Fall des Politikers ist die Schärfung der Wahrnehmung für das eigene Wirken besonders wichtig, gibt es doch wenige Berufe, wo persönliches Verhalten und Handeln so unvermittelt im Scheinwerferlicht steht. Kritische MitarbeiterInnen im engsten Stab, nicht Ja-Sager, bzw. ein Coach helfen authentisch zu sein und besser zu werden.

Fachliche Kompetenz

- Mit der Materie vertraut sein. Sei es, die Willensbildung, das Lobbying, die Prozesse zur Gesetzeswerdung, der Umgang mit Usancen innerhalb und zwischen den Fraktionen, Projektmanagement und Führungsaufgaben zu beherrschen, sei es sich sachlich vorzubereiten, Meinungsführer zu kennen oder externe Experten zu konsultieren. Die Spielregeln des eigenen Handwerks zu kennen und anwenden zu können – das ist Grundvoraussetzung, alles andere Dilettantismus. Für PolitikerInnen gibt es aber auch noch eine zweite Ebene der fachlichen Kompetenz: Die des ressortspezifischen Sachwissens.

- Kommunikation im kleinen Finger haben. Die Kommunikation ist eines der wichtigsten Instrumente in der Hand des Politikers/der Politikerin. Zu wissen, wann ich mit wem in welchem Ton und unter Einhaltung welcher Kriterien meine Botschaften lanciere, ist essentiell. Zu wissen, in welcher Form ich einen Dialog mit den WählerInnen aufbaue und fördere, kann den Ausschlag geben. Kommunikation war in der Politik immer essentiell, in der TV-Gesellschaft sind Sie ohne diese Fähigkeiten nicht wettbewerbsfähig.

- Effizient sein. In einer Legislaturperiode viele Vorhaben aus den Wahlversprechen durchzuziehen, hat mit guter Organisation und mit hoher Überzeugungskraft zu tun. Aber auch mit Ihrer Willigkeit, Probleme zu identifizieren, aufzugreifen und zu lösen. Probleme zu verschieben oder zu verdrängen ist kein Asset Ihrer Erfolgsbilanz. Problemlösungen sind bestens auszuschlachten. Aber: Quantität darf nicht vor Qualität gehen.

Charisma

Charisma zu haben gilt als besonders begehrenswert. Ursprünglich hieß Charisma »Gottesgeschenk« und zeichnet im alten Griechenland jene aus, die mit besonderen Gaben gekennzeichnet waren. Insofern hält sich bis heute die Auffassung, Charisma könne man nicht lernen. Das mag wohl so sein: Man kann Charisma nicht wie in der Schule eins, zwei, drei lernen. Doch Sie können einiges dazu tun, dass Sie als charismatisch empfunden werden.

>*»Wenn man keinen Spaß mehr daran hat, dann muss man aufhören.«*
>*Laura Rudas, SPÖ*

Durch Begeisterung
- Sie inspirieren. Wer leidenschaftlich eine Aufgabe verfolgt, wird mitreißen. Keine Frage: Freude und Lebenslust zu verkörpern ist per se anziehend. Oder anders gesagt: Nur wenn Ihre Augen leuchten, können Sie davon ausgehen, dass Sie auch die Augen anderer zum Leuchten bringen. Wie sonst soll ich etwas anregend finden, über etwas nachdenken, wenn der Vorreiter oder Verkünder dieser Idee sichtlich selbst wenig Gefallen daran findet?
- Sie ziehen Menschen an. Wer hat schon gern mit emotionslosen, griesgrämigen Personen zu tun? Also. Die Begeisterung, die Sie ausstrahlen, wirkt wie ein Magnet. Damit ist nicht notwendigerweise gemeint, Sie müssten hemmungslos-naiv alles schönreden. Optimismus ist gefragt, Zuversicht und Leidenschaft.
- Sie können besser mit kritischen Situationen umgehen. Mit Freude seine Aufgaben voranzutreiben bringt Kraft und Selbstvertrauen und macht stabiler für schwierige Zeiten. Mental und gesundheitlich. Unterschätzen Sie das nicht: Wer jede Attacke persönlich nimmt und nicht über die nötige Fitness und Konstitution verfügt, wird das Leben in der Politik nicht lange durchhalten.

>*»Ich definiere mich nicht über ein Bauwerk oder Denkmäler. Es ist immer die Kraft einer Idee.« Dr. Gerhard Seifried, SPÖ*

Durch Mut
- Um etwas zu verändern. Der Mensch ist ein Gewohnheitstier, das Neue bereitet uns grundsätzlich eher Angst als Hoffnung. Selbst wenn die

Gegenwart nicht rosig ist – sie ist den meisten noch immer lieber als die Unsicherheit, was die Zukunft ansonsten bringen könnte. Diese Ängste bei sich selbst und bei anderen zu überwinden ist Leadership.

- Um seine eigenen Meinungen zu bilden. Der Mensch ist auch ein Herdentier. Aus der Masse auszuscheren, sich zu exponieren erfordert Courage. Denn Sie müssen mit Widerstand, Ablehnung, leider manchmal mit Abwertung rechnen. Margaret Thatcher hat in einem Interview für CNN einmal erzählt, von ihrem Vater gelernt zu haben: »Laufe nie mit der Masse. Bilde dir deine eigene Meinung und inspiriere die Menschen, dir zu folgen.«
- Loszulassen. Das ist besonders schwierig. Denn wer mächtig ist, hat oft Sorge vorm Machtverlust und tut alles um die Macht festzuhalten bzw. vermeidet alles, was sie gefährden könnte. Dabei ist es so wesentlich, transparent zu sein und Meinungsvielfalt zu unterstützen, neue Führungspersönlichkeiten zu fördern und nicht am eigenen Sessel zu kleben.

Glaubwürdigkeit

Einer der häufigsten Vorwürfe gegenüber Politikern ist, dass sie lügen. Dass man ihnen nicht vertrauen könnte. Dass ihnen das Wohl der BürgerInnen sowieso nicht so wichtig wäre wie die eigenen Privilegien. Deshalb ist die Glaubwürdigkeit in der Politik wohl mittlerweile ein wichtigerer Aspekt als in anderen Berufsgattungen, die nicht in dieser Form und Intensität der öffentlichen Kritik ausgesetzt sind.

Über Vertrauensbildung

- Ehrlich sein. Wer heute A sagt und morgen B, und das noch dazu ohne Erklärung, darf sich nicht wundern, für unehrlich im schlimmsten, für unberechenbar im geringsten Fall gehalten zu werden. Auch konsistentes Verhalten gehört hierher: Wer seine Handlungen – egal ob beruflich oder privat – nicht entsprechend seinen Worten setzt, irritiert. Vertrauensbildende Maßnahmen schauen anders aus.
- An der Sache und nicht am eigenen Vorteil interessiert sein. Natürlich sind wir alle keine Engel und selbstverständlich haben Parteien ihre Strategien. Doch wer im Widerspruch zu den Interessen derer, die ihn/sie gewählt haben, entscheidet, handelt nicht nur fahrlässig, sondern auch unklug: Denn warum soll ich Sie dabei unterstützen, Ihre statt unsere Wünsche umzusetzen?
- Authentisch sein. Gesichts- und Profillosigkeit sind out. Nicht nur, weil WählerInnen den Menschen in der Politikerhülle erkennen wollen, sondern auch weil Authentizität – Sie selbst zu sein – sympathisch ist und es zu Ihrem Wohlbefinden beiträgt, wenn Ihre Handlungen im

Einklang mit Ihren Werten stehen. Außerdem: So sind Sie auch unverwechselbar.

Über Zukunftsorientierung

- Eine Vision haben. WählerInnen wollen wissen, in welche Richtung es gehen soll. Dazu gehört eine Absicht, ein Zukunftsbild, aber auch Ideen, wie man dort hinkommen könnte. Ein Politiker ohne Vision reduziert sich selbst zum reinen Verwalter der Gegenwart. Ohne Visionen keine Impulse, wie wir uns weiterentwickeln können. Optimismus spielt dabei eine große Rolle. Zuversichtliche Menschen haben im Zweifelsfall immer mehr bewegt.
- Verantwortung tragen. Es geht ja nicht nur darum, Träume zu kreieren. Es geht auch darum, Maßnahmen durchzuführen und deren Konsequenzen zu verantworten. Wie glaubwürdig sind Sie, wenn Sie heute einen Gedanken, ein Projekt in die Wege leiten und morgen nichts mehr damit zu tun haben wollen, vor allem dann nicht, wenn die Ergebnisse nicht den Erwartungen entsprechen?
- Sich weiterentwickeln. Qualität kann nur dann gewährleistet werden, wenn Weiterbildung zu einem Grundprinzip wird. Neugier und die prinzipiell positive Einstellung zur Veränderung als solches sind die elementaren Charaktereigenschaften dazu. Miteinander und voneinander für die Zukunft zu lernen erhöht die Effektivität in jeder Art von Leadership.

»Das Beste ist für die Glaubwürdigkeit, dass man eine Strategie im Kopf hat.« Arndt G. Kirchhoff, BDI-Mittelstandsausschuss

»Man ist dann glaubwürdig, wenn man zu dem steht, woran man glaubt, auch in Zeiten, wo man keine Mehrheiten hat.« Alexander Graf Lambsdorff, FDP

Das ist die Messlatte für erfolgreiche politische Führung.
Doch was bedeutet das jetzt für die Praxis? Was müssen Sie wissen, können und tun, um in die Politik einzusteigen?

Die Grundvoraussetzungen –
Will ich? Kann ich?

*»Es gibt ganz viele Menschen, die man gern in der Politik sehen würde.
Ich rate denen, sich reinzuhängen, aber: 1. Mach dir keine Illusionen;
2. Sei mutig; 3. Sei vorsichtig.« Dr. Werner Perger, »Die Zeit«*

Noch geht's nicht los. Denn bevor Sie irgendeinen offiziellen Schritt machen, sollten Sie sich mit diesen 11 Fragen auseinander setzen.
Immerhin wird »anzutreten« Ihr Leben verändern.

Das sollte Ihnen bewusst sein, bevor Sie sich tatsächlich dazu entscheiden. Es gilt daher, einige wesentliche Fragen gleich dann zu beantworten, wenn der erste Gedanke an eine politische Karriere auftaucht, wenn Freunde zu Ihnen sagen, so eine/n wie dich bräuchten wir, oder wenn Sie gar von Vertretern politischer Organisationen angesprochen werden. Und wenn Sie nicht die überwältigende Mehrzahl dieser Fragen bejahen können, dann lassen Sie den Gedanken in Richtung Partei-, Standes- oder Interessenpolitik – so begehrlich es auch für Sie sein mag – am besten an dieser Stelle gleich wieder bleiben.

1. Mögen Sie Menschen?

Das Ja auf diese Frage ist vielleicht das wichtigste von allen.
Denn wenn Sie nicht eine positive Einstellung zu Menschen und Verständnis für deren Anliegen haben, wenn Sie es nicht mögen, Leuten nahe zu sein, sich nicht glücklich fühlen, wenn Sie unter Menschen sind, wenn Sie nicht in jedem einzelnen Menschen einen interessanten Gesprächspartner finden können, dann wird Ihnen jedes öffentliche Amt ein Gräuel sein. Und man wird das merken. Und Sie werden nicht erfolgreich sein. Und es wird Ihnen nicht gut gehen.
Denn dann werden Ihnen die ständigen öffentlichen Auftritte auf die

Nerven gehen, Sie werden müde sein, dauernd Pakte zu schmieden und Pressekonferenzen geben zu müssen. Wenn Sie Menschen nicht ganz grundsätzlich mögen, dann wird Ihnen der Zwang, ständig Position beziehen zu müssen, beim Hals heraushängen und wird Sie der Blick hinter die Kulissen abstoßen und frustrieren statt idealistisch anzutreiben.

Wer Menschen nicht mag (aus welchen Gründen auch immer), kann nicht glaubwürdig verkünden, sich für sie einsetzen zu wollen. Was bleibt, ist für die WählerInnen die Frage, wozu – wenn nicht aus Karriere-, Macht- oder anderen egozentrierten Gründen – Sie dann diesen Schritt gehen und noch dazu unsere Stimmen wollen?

Das Leben im öffentlichen Amt wird Sie hernehmen – ohne die positive Grundeinstellung wird Ihr Energiereservoir bald erschöpft sein.

»Man darf auf gar keinen Fall Angst haben vor Menschen – weder vor den Bürgern noch vor Journalisten.« Laura Rudas, SPÖ

2. Haben Sie Energien?

Apropos: Sind Sie ein ausdauernder Typ oder kränkeln Sie oft? Können Sie zumindest phasenweise mit wenig Schlaf auskommen oder brauchen Sie Ihre 8 Stunden, sonst sind Sie einfach nur halb so gut? Das ist die physische Komponente. Wie sieht es psychisch aus? Sind Sie mental stark und robust oder scheuen Sie den Konflikt und weichen schärferen Diskussionen aus? Sind Sie Optimist und können immer wieder mit Zuversicht an Dinge herangehen? Sind Sie nervenstark und stehen längere Phasen der Ups and Downs durch?

»Ich geh an die Dinge immer optimistisch. Für mich ist das Glas immer halb voll und nicht halb leer.« Arndt G. Kirchhoff, BDI-Mittelstandsausschuss

Sie müssen den in der Politik immer wiederkehrenden Phasen der ärgsten körperlichen Belastung standhalten. Das kann nicht jeder, das ist zum Teil Veranlagung, zum Teil natürlich auch Gewohnheit und Training. Prüfen Sie also Ihre Belastbarkeit, bevor Sie den Schritt wagen, seien Sie dabei ehrlich mit sich selbst. Von ausgepowerten PolitikerInnen hat keiner was: weder die WählerInnen und Mitglieder noch Sie selbst.

Und wie steht es um Ihren Drive? Sind Sie jemand, dem/der schon immer gesagt wurde, Sie gehen vor Energien über? Gestalten Sie gerne oder lassen Sie lieber tun? In ersterem Fall fein, in zweiterem sollten Sie noch einmal darüber nachdenken. Politik ist Gestaltung und eigenes Engagement, nicht Befehle austeilen. Wenn Sie in Ihrer Jugend schon durch entsprechende Verantwortlichkeiten wie SchulsprecherIn oder StudentenvertreterIn eine Leithammel-Rolle gesucht und gefunden haben, dann haben Sie schon mal sehr gute Voraussetzungen in energetischer Hinsicht.

»Ich glaube, man kann die Welt tatsächlich ändern.« Laura Rudas, SPÖ

3. Können Sie sich selbst motivieren?

»Man wird nie Dank bekommen. Die Liste, wem ich aller geholfen habe, ist lang, sicher 300 bis 400 Personen, 100 habe ich vielleicht nicht geholfen oder nicht helfen können. Aber von denen hört man 30-mal so viel wie von den anderen.« DI Uwe Scheuch, FPÖ

Wie viele Führungskräfte aus der Wirtschaft sagen oft erschöpft: Und wer motiviert eigentlich mich? Und jene, die nicht ein Mindestmaß an Selbstmotivation haben, die nicht aus sich heraus wieder Lust und Freude an der Aufgabe gewinnen können, haben es einfach viel schwerer. Umso mehr ist das im politischen Leben so. Denn dort motiviert Sie nicht nur genauso niemand an der Spitze einer Organisation, sondern dort müssen Sie im Gegenteil auch noch mit Attacken rechnen. Mit inhaltlichen Attacken von Seiten der Opponenten und der Medien – das ist klar. Mit persönlichen Attacken aus der gleichen Ecke – das ist auch klar. Ungewohnt ist aber, dass beide Arten von Attacken, die oberhalb und die unterhalb der Gürtellinie, auch von »Familienmitgliedern«, aus den so genannten eigenen Reihen, kommen können.
Diese Erlebnisse nicht nur gut wegzustecken, sondern darüber hinaus wieder mit Verve und Engagement an die Sachen heranzugehen, das ist eine Gabe, die Ihnen extremst hilfreich sein wird.

»Politisches Engagement und Einsatz wird nicht immer von Anfang an belohnt – weder von der Partei noch von den Bürgern. Deshalb braucht man Motivation und Idealismus. Allein Politik zu machen, um in der Öffentlichkeit zu stehen, ist zu wenig. Das funktioniert nicht.« Ingo Rust, SPD

4. Haben Sie einen guten Grund?

»Wenn man eine angestrebte Funktion im Auge hat, dann werden viele Menschen wahrscheinlich rücksichtsloser. Es ist richtig, Ziele zu haben, aber man darf dabei nicht über ›Leichen‹ gehen.« Caren Marks, SPD

Was ist ganz ehrlich der Grund für die Entscheidung, politisch aktiv zu werden? Sorgen Sie sich um gesellschaftliche Entwicklungen oder brauchen Sie für einen nächsten Karriereschritt momentan Publizität und einen hohen Bekanntheitsgrad? Wollen Sie im Interesse des »common good«, des Allgemeinwohls, agieren, die Res publica, die Angelegenheit des Volkes, besser koordinieren, planen und steuern oder wollten Sie Ihren Verwandten und Bekannten beweisen, dass Sie ein toller Typ sind? Wohl wird es immer eine Mischung aus mehreren Motiven sein, die Ihre Entscheidung bestimmt. Und es ist klar, dass dabei auch die uns ureigene Sehnsucht nach Aufmerksamkeit und Anerkennung eine Rolle spielt. Aber welche Motivation steht im Vordergrund? Geht es Ihnen vor allem darum, ein spezifisches Ziel zu erreichen und eine bestimmte Aufgabe zu erfüllen, oder reizen Sie einfach die Hebeln der Macht, denen Sie sich nähern? Die Sehnsucht danach, schalten und walten zu können und wichtig zu sein?

»Wenn Leute nur aus Karrieregründen in die Politik gehen und keine Anliegen haben, dann ist das nicht zuletzt deshalb problematisch, weil sie nicht politisch ›brennen‹. Viele verlieren dann sehr schnell den Halt. Und die WählerInnen merken es auch.« Marie Ringler, Die Grünen

Bitte machen Sie sich nichts vor. Macht ist nichts Böses. Wir alle brauchen Macht, um unsere Ziele zu verfolgen. Aber wenn die Macht per se zum Ziel und zum Inhalt Ihres politischen Agierens wird, dann haben wir alle ein Problem. Erstens Sie, weil diese Philosophie in einer Demokratie mühsam ist und Sie bei Verlust der Machtposition in ein riesiges Loch fallen, zweitens die Sache, weil machtorientierte Menschen selten im Interesse des Problems, sondern meist in jenem ihres Machterhalts agieren, was selten dasselbe ist, und drittens wir als StaatsbürgerInnen, WählerInnen oder Mitglieder, die wir letztlich durch unsere Stimme Ihren Gelüsten freien Lauf gewähren und um das eigentliche Entgelt, die Leistung und den Einsatz für die Gesellschaft, geprellt werden.

»Ich glaube nicht, dass es klappt, wenn keine Herzenslust dahinter steckt, wenn man sich's aus rein taktischen Gründen vornimmt.« Ingo Rust, SPD

5. Haben Sie ein Ziel?

»Ich glaube, man kann nicht in die Politik gehen aus Karrieregründen, sondern weil man etwas Konkretes erreichen will.« Anna Lührmann, Bündnis 90 – Die Grünen

O. k., nehmen wir einmal an, Macht ist nur ein Nebenfaktor, nicht der Hauptzweck Ihrer Entscheidung. Aber was soll nun durch Sie auf dieser Welt, in diesem Land, in dieser Stadt, in dieser Bewegung, in dieser Kammer anders werden? Was konkret?

Was haben Sie vor Augen? Welches Bild schwebt Ihnen in 5, in 10, meinetwegen in 20 Jahren vor? Wissen Sie das schon? Allgemein nur etwas Gutes tun zu wollen oder allgemein etwas für die armen Leute tun zu wollen ist zu wenig. Das inspiriert niemanden, nicht die WählerInnen und à la longue nicht einmal Sie selbst. Auch hier: Wer keine greifbare Vorstellung hat, was durch ihre/seine Kandidatur erreicht werden soll, macht sich leicht des Vorwurfs schuldig, nur aus Karrieregründen, aus Langeweile oder sonstigen suboptimalen Motivationen ins öffentliche Amt zu gehen.

Da überzeugen Sie nicht einmal, wenn Sie Kennedy heißen und Einfluss noch nie ein Problem war: Als Ted Kennedy 1980 parteiintern den wankenden Präsidenten Jimmy Carter forderte, hatte er die besten Chancen, erstmals in der Geschichte der USA trotz eines demokratischen Präsidenten als neuer Kandidat nominiert zu werden (und ob dann Ronald Reagan noch gewonnen hätte, darüber spekulieren die Amerikaner heute noch gerne). Doch dann gab er ein TV-Interview und konnte auf die logische, harmlose Frage eines Journalisten, warum er eigentlich Präsident werden wolle, nichts Konkretes sagen. Kennedy stotterte, wurde verlegen, redete herum, strapazierte einen Allgemeinplatz nach dem anderen – und das war's. Nach diesem Interview fielen seine Umfragewerte in den Keller. Er zog seine Kandidatur zurück.

6. Haben Sie Zivilcourage?

Sind Sie jemand, der sich im Zweifelsfall duckt und mit der Mehrheit mitläuft, oder können Sie für einen Standpunkt einstehen? Sind Sie jemand, der bei unangenehmen Dingen tendenziell wegschaut und hofft, ein anderer wird schon etwas dagegen tun, und wenn nicht, na ja, die Welt ist halt nicht perfekt? Oder kämpfen Sie auch mal um Prinzipien und haben keine Scheu davor, sich zu exponieren, wenn es der Sache dienlich ist?

Zivilcourage kann man nämlich in Kursen nicht lernen, das ist eine Frage der Einstellung und des Selbstbewusstseins. Der Einstellung deswegen, weil es letztlich darum geht, ob Sie es als Teil Ihres Lebens sehen, für Dinge, die für Sie wichtig sind, einzutreten. Ob Sie es als Aufgabe betrachten, Verantwortung zu übernehmen oder angesichts der Relativität der menschlichen Existenz im riesigen Kosmos Sie zur Auffassung gekommen sind, es ist eigentlich sowieso alles egal. Und Zivilcourage ist eine Frage des Selbstbewusstseins deshalb, weil Sie sich dabei exponieren. Sie stehen auf, Sie treten aus der Menge, Sie zeigen Mut im bürgerlichen Leben durch Aktion und Kommunikation, die über reine Muttaten wie Lebensrettung oder Bungeejumping hinausgeht. Nur innerlich starke Menschen, Menschen, die emotional ausbalanciert sind, die in sich ruhen, die an sich glauben, können das. Zivilcourage ist wesentlicher Bestandteil von Charisma.

Und Leute mit Zivilcourage werden deshalb im politischen Leben immer erfolgreicher sein als andere.

»Meine Lebensphilosophie kommt von einer Gedichtzeile von Robert Frost aus dem ›Club der toten Dichter‹: Mir boten sich zwei Wege an und ich ging den, der weniger betreten war.« Mike Mohring, CDU

7. Sind Sie eine gefestigte Persönlichkeit?

Wie jeder Beruf, der so gut wie ständig im Rampenlicht ausgeübt wird, birgt der der Politikerin/des Politikers Risken in sich. Risken, die sich auf Ihre Persönlichkeit negativ auswirken können. Und es bedarf eines stabilen Charakters und regelmäßiger Sicherheits- oder Kontrolleinrichtungen, damit Sie sich nicht – ehe Sie es sich versehen – als Mensch in eine Richtung verändern, die Ihnen später Leid täte.

Allen voran ist hier als Risiko zu nennen: der Nimbus der echten oder angeblichen Wichtigkeit, die Sie als PolitikerIn welchen Genres auch immer von Anfang an begleitet. Sie zählen automatisch zur Hautevolee der Gesellschaft und Menschen, die Ihnen begegnen, reagieren plötzlich anders als bisher. Es ist nicht nur schwierig, mit dieser Macht umzugehen, ohne einem fatalen Rausch zu erliegen, es wird auch immer diffiziler, zu unterscheiden, ob Sie jemand wegen Ihrer Persönlichkeit schätzt oder weil man sich von Ihnen etwas erhofft.

Umso wichtiger ist es, dass Sie sich selbst besonders gut kennen. Nur wenn Sie selbst wissen, wie Sie ticken, können Sie Ihre Fähigkeiten und Energiereserven am besten nutzen und sich selbst am besten steuern. Nur wenn Sie selbst wissen, wo Ihre wunden Punkte, Ihre potenziellen Schwächen liegen, können Sie sich davor schützen, manipuliert zu werden. Ob allein oder mit Ihrem Coach: Fragen Sie sich, was für Sie die primären Antreiber sind und wovor Sie sich am meisten fürchten. Fragen Sie sich einerseits, wo Ihre Augen zu leuchten beginnen, und andererseits, wann Sie inadäquat reagieren und immer wieder ins gleiche Fettnäpfchen springen.

Viele, die einmal in den Scheinwerferkegel getreten sind, glauben außerdem eine Rolle spielen zu müssen, werden steif, eitel und klischeehaft. Mangelnde Authentizität, mangelnde Glaubwürdigkeit, leichte Manipulierbarkeit, leichte Austauschbarkeit sind die Folgen.

Oft tut die Gruppendynamik der Organisation, der Sie sich anschließen wollen, das ihrige. Es entsteht eine Sogwirkung, der Sie glauben nicht widerstehen zu können.

Und schneller, als Sie glauben, mutieren Sie zu jemandem, der sich so darstellt, wie Sie es sich vorgenommen hatten, nie zu werden.

»Politiker verstellen sich absichtlich, weil sie glauben eine Rolle spielen zu müssen.« DI Uwe Scheuch, FPÖ

8. Zahlt es sich aus für Sie?

Das ist auch, aber nicht nur eine finanziell gemeinte Frage. Gerade für Quereinsteiger, die – weil aus Führungspositionen kommend und gut vermarktbar – so attraktiv für politische Organisationen sind, gilt es zu überlegen: Was bedeutet die sichere finanzielle Einbuße? Wie lange kann und will ich sie tragen? Und: Was bedeutet es für mich psychologisch, wenn ich mein Verhalten den ganz anderen Dynamiken der Politik anpassen muss? Wenn nicht mehr auf Knopfdruck alle laufen und auch die klügste Maßnahme manchmal nur durchgeht, wenn mühevolle, aufzehrende Überzeugungsprozesse und Kämpfe geführt werden.

Ihre Willigkeit, zu einer besseren Gesellschaft beizutragen, in Ehren, aber lohnt sich der Einsatz für Sie wirklich? Steht es sich dafür, auch wenn Sie mit Ihren Zielen nicht durchkommen, wenn Sie die Menschen nicht von sich und Ihren Anliegen überzeugen können, diesen Schritt getan zu haben? Wenn Sie sagen können: »Ja, denn ich habe es wenigstens versucht« oder »Ja, man kann halt nicht überall gewinnen« oder »Ja, es war trotzdem eine wunderbare oder zumindest wichtige, lehrreiche Zeit in meinem Leben« – dann ist es gut. Sonst nagen sehr wahrscheinlich früher, als es Ihnen lieb ist, Zweifel an Ihnen und beeinträchtigen Ihre Ausstrahlung.

»Wer in die Interessenpolitik geht, muss sich bewusst sein, dass sich die tägliche Arbeitszeit eklatant unentgeltlich erweitert, dass es ein Irrtum ist, zu glauben, dass es einem beruflich etwas bringt – eher das Gegenteil ist der Fall. Die Leute glauben entweder, der kann beruflich nicht erfolgreich sein, wenn er auch noch Zeit für z. B. Interessenvertretung hat, oder sie sagen, der hat für mich keine Zeit, weil er diese gewählte Interessenvertretungs-Position neben seiner normalen Arbeit auch noch ausfüllen muss.« Dr. Harald Bisanz, Wiener Rechtsanwaltskammer

»Die Lust, die man an der Arbeit hat, an der Macht, an dem, was man verändern kann, die muss überwiegen.« Kordula Schulz-Asche, Bündnis 90 – Die Grünen

9. Sind Sie frei von Altlasten?

Zu oft schon musste eine Kandidatin/ein Kandidat zurückziehen. Eine Leiche war im sprichwörtlichen Keller gefunden worden. Deshalb prüfen Sie genau: Gibt es etwas, was die Öffentlichkeit lieber nicht wissen sollte? Haben Sie Steuern hinterzogen, laufen irgendwelche Gerichtsverfahren, die Sie in Anspruch nehmen, haben Sie außereheliche Verhältnisse oder haben Sie jahrelang Ihren sagenhaften sexuellen Ruf gepflegt? Fallen Ihnen auf die Schnelle ein Dutzend Menschen ein, die Sie ehrlich hassen könnten, kann man Ihnen antisemitische oder sonst wie diskriminierende Äußerungen in den Mund legen und es wirkt glaubhaft?
Noch müssen in unseren Breitengraden angehende Politiker nicht fürchten, dass ihre Scheidungsakte nach Jahren ausgehoben und in den Medien genüsslich zitiert wird. Trotzdem: Auch wenn die Journalisten Mitteleuropas nach wie vor nicht so stark im Privatleben von Kandidaten herumschnüffeln wie in den USA, sind allfällige Unsauberkeiten auch aus Ihrer privaten Vergangenheit zentnerschwere Bündel, die Sie sich, wenn Sie hier nicht Klarheiten schaffen, von vornherein auferlegen.
Binsenweisheit: Das kann nicht nur Ihren Einstieg in die Politik behindern, sondern Ihr ganzes Leben nachhaltig beeinflussen.
An dieser Stelle zwischen moralischen oder gesetzlichen Verfehlungen zu unterscheiden ist müßig. Letztlich hängt es, abgesehen von Kapitalverbrechen, meistens davon ab, wie Sie mit der Verfehlung, mit Ihrer »Leiche« umgegangen sind. Haben Sie versucht das Problem zu beheben, den Schaden wieder gutzumachen? Oder haben Sie einen Scherbenhaufen hinterlassen, die Sache unter den Tisch gekehrt. Ein Tipp an dieser Stelle:

Stellen Sie sich im Zweifelsfall vor, die Sache käme in die Zeitung – was würde dann passieren? Wenn Sie unsicher sind, fragen Sie bitte einen PR-Experten. Diese Fachleute können mögliche Auswirkungen in den Medien am besten abschätzen.

10. Können Sie Rückschläge wegstecken?

Kein Mensch will Ihnen gleich von Beginn an die Freude nehmen: aber zu jeder professionellen Vorbereitung auf eine neue Aufgabe gehört es auch, sich zu überlegen, was tun, wenn's nicht klappt.

> *»Wenn man eine Niederlage gut verarbeitet, ist das besser, als wenn man gleich mit einem Schwall von Erfolgen überschüttet wird.«* DI Uwe Scheuch, FPÖ

Wie werden Sie menschlich damit umgehen? Gehören Rückschläge für Sie zum normalen Alltag im demokratischen Kräftemessen? Oder brauen sich für Sie in solchen Momenten schwere seelische Gewitterwolken zusammen und es bricht eine Welt für Sie zusammen? Hätte ein solches Scheitern Konsequenzen, welche Schritte müssten Sie ergreifen? Wer würde Ihnen beistehen, auf wen können Sie selbst dann noch rechnen? Wem könnte eine Niederlage von Ihnen sogar nutzen? Gibt es jemanden, der sich darüber freuen würde?
Nennen Sie es Krisenschlachtplan. Aber spielen Sie es vorweg mit Ihren Vertrauten durch.

> *»Oft sagt man bei Wahlniederlagen: Die Menschen haben's nicht begriffen. Nun ist es aber meine Aufgabe in der Partei, Inhalte zu kommunizieren, zu vermitteln. Wenn man verliert, dann hab also ich einen Teil meiner Aufgabe nicht gemacht, nicht die Menschen haben's nicht begriffen.«* Laura Rudas, SPÖ

> *»Nicht abschrecken lassen, wenn's nicht so läuft, wie man sich's vorstellt!«* Ingo Rust, SPD

11. Ist es gut für Ihr Privatleben?

Mit der Entscheidung, politisch aktiv zu werden, muss Ihre Familie deutlich in den Hintergrund treten. Eine solche Entscheidung sollten Sie mit

Ihrer Familie gemeinsam treffen. Bedenken Sie wieder: So reizvoll der Einstieg in die Politik auch für Sie persönlich sein mag – wie wird es denen, die Sie lieben, ergehen? Wie werden Ihre Familienangehörigen damit umgehen? Wie würden Sie künftighin gemeinsame Stunden in Ihrem Kalender unterbringen? Was, wenn Sie durch zu viele Abwesenheiten entfremden?

Und wenn Sie keine Familie haben: Wie wird Ihr Privatleben sonst zum Handkuss kommen? Fragen Sie sich selbst in stillen Stunden, wie sehr Sie Ihre Lebensqualität reduzieren und ob Sie das so wirklich wollen. Oder ringen Sie sich zu Prioritäten durch – so schmerzhaft das sein mag, denn wir alle sind doch so gern Alleskönner, Allesschaffer und Alles-unter-einen-Hut-Bringer. Es bringt nichts. Lieber in weniger Dingen sehr gut sein als auf jedem Kirtag Hallo schreien. Insbesondere in Wahlkampfzeiten sollten Sie sich Ihr Leben so einrichten, dass Sie alles andere zurückstellen – in diesem konkreten, aber zeitlich überschaubaren Raum wird auch eine Reduzierung des Privatlebens unvermeidlich sein. Wenn also Ihre Kinder just während Ihres Wahlkampfs und der kommenden Legislaturperiode dringend Ihre Unterstützung brauchen, dann sollten Sie vielleicht doch erst das nächste Mal kandidieren.

»Überleg's dir gut, weil du kaum mehr die Möglichkeit hast, privat zu sein. Ob der Wunsch, etwas zu gestalten, diese Einschränkung wert ist.« Mag. Karin Miklautsch, FPÖ

Ich gehe davon aus, dass Sie sich nach allem Für und Wider und reiflichem Abwägen aller Punkte dennoch für den Eintritt in die Politik entschieden haben.

Gratulation zu diesem Schritt! Alles Gute!

Und jetzt geht's erst richtig los.

Der geplante Einstieg –
Wie starte ich?

Haben Sie einmal beschlossen, politisch aktiv werden zu wollen, dann geht es jetzt darum, zu entscheiden, in welchem Rahmen und über welche Plattform. Welche von diesen Möglichkeiten bietet Ihnen am ehesten die Möglichkeiten, Ihre Vision zu verwirklichen? Wo, glauben Sie, können Sie sich am besten einbringen? Wo kann Ihr Engagement Ihrer Meinung nach am besten zum Tragen kommen?
Grundsätzlich haben Sie vier Möglichkeiten:

1. Im Rahmen einer politischen Partei

Für Sie ist dieses Umfeld dann sinnvoll, wenn
• Ihre Vision gesellschaftspolitisch ist und größere Bevölkerungsschichten involviert,
• Sie vorhaben über mehrere Jahre aktiv zu sein,
• Sie nicht nur initiieren, sondern auch selbst gestalten und umsetzen wollen.

Wahrscheinlich werden Sie sich jener Organisation am nächsten fühlen, die Sie zuletzt gewählt haben. Das ist fast logisch. Nur in wenigen Fällen – bei so genannten »Denkzettel«-Wahlen – entspricht das Votum nicht der eigentlichen parteilichen Präferenz des Wählenden. Trifft das auf Sie zu, dann werden Sie sich vermutlich jener Partei, die Sie durch den Denkzettel aufrütteln wollten, zuwenden und nicht jener, der Sie Ihre Stimme gegeben haben.
Sollte es keine Partei geben, für die Sie sich vorstellen können zu kandidieren, bleibt Ihnen noch immer die Möglichkeit, eine eigene, eine neue Partei zu gründen. Wie man das tut, ist in den Ländern sehr unterschiedlich.
Der Vorteil: Sie können der Partei von vornherein Ihre persönliche Prä-

gung geben und müssen sich nicht mit bestehenden Vor-Rechten und Programmen beschäftigen. Der Nachteil: Bis Sie eine relevante Größe erreichen, ist es schwierig, etwas umzusetzen.

Herausfordernd sind beide Wege – ob es anstrengender und mühsamer ist, sich in einer bestehenden Partei erst etablieren zu müssen (siehe Kapitel »Faktor 4: Die Organisation«) oder eine neue Bewegung aus dem Boden zu stampfen, ist wahrscheinlich von Fall zu Fall verschieden und letztlich auch eine Frage Ihrer Persönlichkeit und der konkreten Umstände.

Was Sie aber ungeachtet der Partei in jedem Fall vorweg überlegen müssen: Streben Sie einen exekutiven oder einen legislativen Job an? Oder einfach gesagt: Wollen Sie leitendes Organ werden, Bürgermeister, Bezirksvorsteher, Chef der Jungen XY-Partei? Oder reizt Sie mehr die parlamentarische Arbeit, das Gesetzemachen in den jeweiligen hohen Häusern?

Persönlichkeiten mit großem Gestaltungswillen, die sich ungern beugen, sondern viel lieber selbst bestimmen, wo es hinlaufen soll, sind zweifellos im Exekutivbereich besser aufgehoben. Die Parteizentrale ist weit weg und hat zudem relativ geringe Einflussmöglichkeiten. So Sie gewählt werden, können Sie in einem erfrischend hohen Ausmaß gemäß den Wünschen Ihrer WählerInnen schalten und walten. Liegt Ihnen die Detailarbeit mehr, sind Sie eher Teamarbeiter als Einzelkämpfer, dann ist Ihnen die Tätigkeit als Gesetzgeber sympathischer und mit dem dort herrschenden Klubzwang und der viel engeren Zügel kommen Sie schon auch zurecht.

»Mein Tipp: Geh vorweg in die Kommunalpolitik. Da gibt's kein Versteckspiel. Da lernst du Politik von der Pike auf. Da bist du dem Bürger am nächsten.« Mag. Siegfried Nagl, ÖVP

2. Im Rahmen eines Interessenverbands

Für Sie ist dieses Umfeld dann sinnvoll, wenn
• Ihre Vision berufs- oder standesspezifisch ist,
• Sie Ihren Beruf nicht zur Gänze aufgeben, sondern der Politik nur einen Teil Ihrer Kraft widmen wollen,
• Sie nicht so exponiert sein wollen wie klassische Parteipolitiker.

Jeder Mensch kann sich de facto ab der Schule interessen- oder standespolitisch betätigen. Ob Sie SchulsprecherIn werden, in der StudentInnenvertretung antreten, sich Ihrem Berufsverband anschließen oder auf Arbeitnehmerseite für Ihre KollegInnen unterwegs sein wollen, ist letztlich eine ähnlich motivierte Entscheidung: für Gleichgesinnte – und nicht für alle bzw. größere, auch von Ihnen unterschiedliche Gruppen – aktiv werden.

Auch hier kann es zur Neugründung von Gruppen kommen, passiert aber de facto ebenfalls selten.

3. Im Rahmen einer NGO

Für Sie ist dieses Umfeld dann sinnvoll, wenn
- Ihre Vision langfristig themen- oder neudeutsch »Issue-orientiert« ist,
- Ihre politischen Aktivitäten häufiger von Aktionismus und Maximalforderungen als von Kompromissbereitschaft gekennzeichnet sein sollen,
- Sie überdurchschnittlich idealistisch sind und mehr als Gruppe denn als Individuum auftreten wollen.

NGOs haben einen hohen moralischen Anspruch und verlangen Ähnliches von ihren MitarbeiterInnen, wenn nicht gleich von ihren Unterstützern. Prüfen Sie, ob Sie da mithalten können. Ideal ist eine NGO, wenn Sie den Robin-Hood-Effekt – der Kleine gegen den Großen – lernen und erfahren und erleben wollen, was man abseits der Konsenskultur alles erreichen kann. Druck und Gegendruck – in der klassischen Konfliktlösungslehre mittlerweile verpönt – ist das tägliche Brot. Dazu brauchen Sie ein sehr gutes Nervenkostüm.

4. Im Rahmen einer Bürgerinitiative

Diese Plattform ist wiederum für Sie dann sinnvoll, wenn
- Ihre Vision kurzfristig auf eine Region/ein Thema reduziert ist und aus Ihrer Sicht von den anderen politischen Akteuren nicht ausreichend behandelt wird,
- Ihre politische Aktivität flexibel und zeitlich begrenzt sein soll, sich also mehr als Impulsgeber für oder gegen etwas denn als Umsetzung und Gestaltung versteht,
- Ihr Anliegen dem Zeitgeist entspricht und Sie leicht spontane Unterstützung sowie mediale Aufmerksamkeit finden werden.

InitiatorInnen von Bürgerinitiativen sind ähnlich wie Parteipolitiker extrem exponiert. Sie stehen zumindest während des Aktionszeitraums mindestens so oft in den Medien und erlangen dadurch sehr rasch einen überdurchschnittlichen Bekanntheitsgrad. Politisch wirksam werden tatsächlich nur die wenigsten, aber sie erzielen in kürzester Zeit erstaunlich viel Aufmerksamkeit. Die Allianzen, die sich bei Bürgerinitiativen ergeben, sind oft genauso ungewöhnlich wie heterogen und sie zerfallen vielfach nach vollbrachter Tat wieder. InitiatorInnen von Bürgerinitiativen sind häufig überzeugungsstärker als andere PolitikerInnen – immerhin müssen sie doch ihre Bewegung völlig neu aus dem Boden stampfen. Sie werden hier für Gleichgesinnte aktiv, die nicht strukturell, sondern punktuell zusammengehalten werden.

Wofür immer Sie sich auch entscheiden, um Ihre neue Karriere als PolitikerIn zu starten – frei nach dem Motto »Vorbereitung ist das halbe Leben« sollten Sie jetzt in die Tiefe gehen. Eines jedoch behalten Sie immer im Sinn: Die Uhren gehen in diesem Geschäft zum Teil sehr viel anders. Zu viel hängt – zumindest beim derzeitigen Wahlsystem – von der Gunst interner KollegInnen oder Spitzenfunktionäre ab. Und eben nur bedingt von Ihrem Einsatz oder Ihrem Können.

»Karriereplanung ist hier schwer möglich«. Silvia Fuhrmann, ÖVP

Phase 1 – Die Recherche

Genauso wie Sie sich vor jeder Bewerbung, vor jedem wichtigen Gespräch und vor jedem relevanten Projekt eingehend mit der Materie auseinander setzen, bevor Sie planen und Schritte setzen, so sollten Sie das auch hier tun. Nur wer sich auskennt und nicht wie ein zwar idealistisches, aber blindes Huhn an die Tore der Politik anklopft, wird realistische Chancen haben. Oder anders gesagt: Ob Sie reüssieren oder nicht, machen gerade im politischen Leben etliche Faktoren aus, die mit Ihrer Person nur am Rande bis gar nichts zu tun haben. Denken Sie nur an interne Hackordnungen, äußere Entwicklungen wie Wirtschaftskrisen oder Parteiskandale, bei denen Sie unverschuldet zum Handkuss kommen. Da sollten Sie zumindest, was Ihre Person anbelangt, möglichst wenig Angriffsflächen bieten.

»In der Regel ist es nicht so, dass die, die an die Spitze wollen, auch an die Spitze kommen.« Arndt Kirchhoff, BDI-Mittelstandsausschuss

Machen Sie sich also, bevor Sie sich öffentlich für jemanden oder für etwas stark machen, damit vertraut, was die gängigen Einrichtungen – insbesondere jene, denen Sie sich nähern wollen – dazu derzeit sagen. Lesen Sie die Medien aufmerksamer als bisher, hören Sie genau hin, wer sich in welcher Form rund um Ihr Anliegen äußert, und schauen Sie sich im Internet an, was dazu offiziell zu Papier gebracht wurde. Gehen Sie zu öffentlichen Parteiauftritten und kommen Sie mit ParteivertreterInnen ins Gespräch – ob privat oder beruflich, bleibt sich gleich.

Sie sollten schließlich wissen,
• wie die von Ihnen präferierte Organisation zu Ihrem Anliegen steht,
• wer innerhalb dieser Organisation Befürworter und wer eventuell Gegner ist,
• wieso es bisher noch nicht zu einer befriedigenden Lösung gekommen ist und woran die bisherigen Ansätze gescheitert sind.

Phase 2 – Die Annäherung

Die meisten PolitikerInnen sind regelrecht akquiriert worden. Das heißt, jemand aus der Organisation spricht Sie an und fragt, ob Sie Lust hätten, mitzumachen.
Dieses Procedere ist auf jeden Fall die Regel für die so genannten Quereinsteiger, für all jene politisch Aktiven, die erst im fortgeschrittenen Alter tätig werden wollen, und für Jung-Funktionäre nahe stehender Organisationen. Sehr viel seltener ist es, einfach anzurufen und zu sagen: Hallo, ich möchte gerne etwas tun.
Lassen Sie uns also einmal einen Blick auf die gängigen Taktiken werfen, mit denen es Ihnen gelingt – so Sie nicht sowieso schon Prominenter sind und Ihnen ein politisches Amt angeboten wird –, sich ins Gespräch zu bringen:

• Fallen Sie auf
Ob Sie bei Diskussionsveranstaltungen prägnante Fragen stellen oder anwesende PolitikerInnen anschließend in ein Gespräch verwickeln, ist gleich. Ihr Gesicht und Ihren Namen sollte man sich einprägen können. Ihr Bekanntheitsgrad ist es, der für eine politische Organisation interessant ist, denn dann muss man nicht mehr von null anfangen, um Sie bekannt zu machen. Sie sollten mindestens in Ihrem Fachgebiet Bekanntheitsgrad und einen guten Leumund haben.
Vermitteln Sie außerdem immer das Gefühl, nicht nur zu meckern, sondern selbst auch Ideen und Ziele zu haben. Die Profis wissen, dass Sie da-

mit schon automatisch einen hohen Stellenwert genießen werden – als jemand, der Gestaltungswillen zeigt und eine Vorstellung von der Zukunft hat.

• Arbeiten Sie mit
Bieten Sie sich an, punktuell mitzuhelfen, und zeigen Sie so Ihre Bereitschaft zum Engagement. Ob das in einer politischen Vorfeldorganisation oder einer der so genannten Kaderschmieden ist oder Ihrer beruflichen Interessenvertretung, bleibt sich gleich. Auf diese Weise machen Sie es nicht nur leichter, entdeckt und angesprochen zu werden, sondern Sie können sich auch auf elegante Weise ein eigenes Bild von der politischen Welt machen.
Oder Sie suchen einen geschäftlichen Kontakt zu dieser Organisation, auf dass diese zumindest dadurch Einblick in Ihre Art, zu denken und vorzugehen, bekommt.

• Machen Sie Lobbying für sich selbst
Sie bauen sich ein Netzwerk von politiknahen Kontakten auf (oder verfügen bereits über ein solches) und starten innerhalb eines überschaubaren Zeitraums gezielte Kontakte. An ganz unterschiedlichen Stellen lancieren Sie indirekt Ihr Interesse, zur Verfügung zu stehen. Ziel 1 ist es, dass Ihr Gesprächspartner von sich aus frägt: Und warum kandidierst du eigentlich nicht? Ziel 2, dass Ihre diversen Gesprächspartner in entscheidenden Momenten Ihren Namen einbringen. Je mehr das tun, desto besser.
Intensivieren Sie während dieser Zeit Ihre Medienkontakte, halten Sie visionäre Vorträge oder schreiben Sie Bücher.

• Achten Sie auf ein gutes Timing
Sie können nur dann drankommen, wenn die Organisation an frischem Wind Interesse hat. Und das ist fast immer vor einem Wahlgang oder nach einer deutlich verlorenen Wahl der Fall.
Vor der Wahl, wenn alle Interessen auf Sieg eingestellt sind und viel mehr geht als im normalen Alltag. In der Regel sollten Sie Ihre Fühler gute zwei Jahre vor dem nächsten Wahlgang in Richtung politische Welt ausstrecken. Nach einer entscheidenden Wahlniederlage sind die Antennen auf »Wer könnte uns retten und beim Wiederaufbau helfen?« eingestellt. Das könnten Sie nutzen.
Am schwierigsten ist es tatsächlich nach einer knapp verlorenen Wahl. Denn dann müssen nur wenige ihre Plätze räumen und die vielen, die verbleiben, sind eigentlich der Meinung, sie wären sowieso gut unterwegs – die Bereitschaft für Neuzugang hält sich in Grenzen.

Was ist dann das nächste Ziel? Auf einen Erfolg versprechenden Platz auf einer Wahlliste zu kommen. Oder nach einer Wahl einen Regierungsposten angetragen zu bekommen. Oder – wie es bei den Grünen Österreichs und Deutschlands ist: Zunächst einmal einfach die Chance zu kriegen, sich den ParteikollegInnen und den Mitgliedern zu stellen und gegen andere interne Kandidaten anzutreten.

Die Stimmung läuft momentan zugunsten neuer Gesichter in den standes-, interessen- und parteipolitischen Gremien und Fraktionen. Die Ochsentour – das sich durch sämtliche Instanzen Hinaufdienen – verliert zwar langsam, aber doch an Bedeutung. So hat erst im Sommer 2004 die SPD beschlossen, dass Nichtmitglieder nicht nur für Kommunalwahlen, sondern künftighin auch für den Landtag kandidieren dürfen. Und mit Dr. Horst Köhler ist erstmals ein Mann Deutschlands Bundespräsident, der keine klassische, durchgehende Parteienkarriere aufweist. In Österreich hat die Tendenz, sich aus Sport, Kultur und den Medien Prominente in die Politik zu holen, eine größere Tradition. Viele Quereinsteiger sind zwar inzwischen auch schon wieder gescheitert, Leuten von außen wird dennoch hohes Potenzial zugebilligt.

»Es ist zum Überleben der Parteien viel notwendiger als früher, unkonventionelle Karrieren zuzulassen.« Dr. Peter Pelinka, »News«

»Es ist kein Zufall, dass es in Deutschland weniger Quereinsteiger gibt als in Österreich. Die Parteiapparate haben in Deutschland große Bedeutung. Bei uns kommt man in der Politik nur hoch, wenn man Seilschaften hat, wenn man in der Clique groß geworden ist.« Dr. Heribert Prantl, »Süddeutsche Zeitung«

Vision & Positionierung –
Was will ich und wofür stehe ich?

John F. Kennedy stand und steht für Herausforderung, für das Durchbrechen von Grenzen. Bruno Kreisky symbolisiert bis heute Österreichs Abschied von der verstaubten Provinzbühne und Helmut Kohl ist als Vereinigungskanzler in die Geschichte eingegangen, der sich zeit seiner politischen Laufbahn dafür einsetzte, aus BRD und DDR wieder einen gesamtdeutschen Staat zu machen.

Kurz: Es waren große Ideen und Projekte, die wir mit manchen PolitikerInnen in Zusammenhang bringen. Ideen und Projekte, die in ihrer Zeit einzigartig oder schwer vorstellbar waren und die dadurch im Rückblick auch dem jeweiligen Politiker eine Aura der Besonderheit verliehen. Ideen und Projekte, für die leidenschaftlich zu kämpfen, vielen PolitikerInnen ihre Glaubwürdigkeit verschafft haben.

Doch bleiben wir in der Gegenwart: Von wie vielen aktiven PolitikerInnen wissen Sie selbst, welche Ideen und Projekte sie forcieren? Von wem können Sie ad hoc sagen: »Er/Sie setzt sich für xyz ein oder er/sie steht für xyz«? Je mehr Sie nennen können, desto besser. Ich vermute jedoch, dass auch Sie nur einen Bruchteil von PolitikerInnen mit einem konkreten Thema in Verbindung bringen können. Etliche stehen als Repräsentanten ihrer jeweiligen Fraktionen im Tagesgeschäft, setzen sich mal hier, mal da ein, wir sehen sie im Fernsehen und sonst wo über vieles und nichts kämpfen. Roter Faden? Na ja.

> *»Ein Jung-Politiker braucht ein paar konkurrenzfähige Ideen, mit der er/sie heraussticht. Kalkulierte Regelverstöße innerhalb einer gewissen Berechenbarkeit wären sinnvoll. Er/sie muss sich unterscheiden von dem, was alle tun.« Dr. Christoph Kotanko, »Kurier«*

Nun muss man der Fairness halber sagen, dass in einem parlamentarischen System, in dem eine Partei und nicht eine Person gewählt wird, ein solches Betonen der Individualität eben bis dato nicht in diesem Ausmaß

36

notwendig war. Viele Jahrzehnte wurde in Österreich und Deutschland die Frage »Wofür steht er/sie?« gar nicht gestellt, »Wofür steht die Partei?« war entscheidend. Das ist heute eben wesentlich anders:

- Das Medienzeitalter fordert die PolitikerInnen egal welcher Organisation, auch persönlich Farbe zu bekennen.
- Im parteipolitischen Kontext präferieren Änderungen im Wahlsystem immer öfter die Person vor der Fraktion: In Deutschland z. B. werden die 598 Abgeordneten seit 2002 zu 50 % direkt gewählt (Erststimme), die Zweitstimme wird an eine der wahlwerbenden Parteien (Landesliste) vergeben. In Österreich gibt es das Prinzip der Vorzugsstimmen mit der man allerdings nur einem Kandidaten aus der gewählten Partei direkt zu einem Mandat verhelfen kann (in Wien sind sogar zwei Vorzugsstimmen möglich), sowie die Direktwahl des Bundespräsidenten. ÖsterreicherInnen und Deutsche können auch für ihre Bürgermeister bereits mehrheitlich direkt votieren. Tendenz steigend.

Vor diesem Hintergrund wird es für Sie als angehende/n PolitikerIn elementar, dass man Sie kennt und mit Ihrem Namen oder Ihrem Gesicht etwas verbindet. Dieses »etwas« trägt zu Ihrem Bekanntheitsgrad bei und beeinflusst die Entscheidung in der Wahlzelle – ganz egal, ob auf Lokal-, Regional-, National- oder EU-Ebene.

»Man darf nicht zu schüchtern sein, ein bisschen Sendungsbewusstsein ist Voraussetzung dafür, dass man glaubhaft ist.« Alexander Graf Lambsdorff, FDP

Unterscheiden Sie hier
- zwischen den Werten, mit denen man Sie assoziiert, wie Mut, frischer Wind, Direktheit oder Eigeninitiative. Die Formulierung, die Sie mit Ihren Werten auffüllen sollten, lautet hier: »Ich stehe für …« Kommunikationsfachleute nennen diese Definition von Werten »Positionierung«.
- und zwischen der Vision, die in möglichst bildhaft-inspirierenden Worten darlegt, was Ihnen für die Zukunft Ihres Wahlkreises, Ihres Landes, Ihrer Branche oder Ihres Themas vorschwebt. Hier geht es – anders als bei quantitativen oder projektbezogenen Zielen – viel mehr um Träume, um große Ideen, um Beiträge zur Verbesserung unserer Gesellschaft. Hier lautet die Formulierung, in die Sie Ihre Angaben einsetzen können: »In x Jahren soll …«

Oder Sie stellen sich das Ganze wie eine mathematische Gleichung vor: Thomas Mayer = Top-Ausbildung durch kleinere Schulklassen, Renate Halmetschlager = Behinderte sind voll integriert, Silvia Thorsten = Innovation und Kreativität in der Wirtschaft oder Uta Schulz = Verkehr unabhängig vom Benzin.

Was muss rauskommen?
Die WählerInnen müssen mit Ihrem Namen das, wofür Sie stehen, automatisch verbinden können. So abwegig das auch klingen mag: In diesem Punkt unterliegen Sie als PolitikerInnen den Gesetzen des Marketings wie irgendein Waschmittel. Es gibt zu viele davon, also brauche ich als KundIn, als KonsumentIn, als WählerIn, als Mitglied eine Merkhilfe. Bitte erinnern Sie sich: Sie sind das Produkt, also müssen Sie mit einem Inhalt aufgeladen werden.
Wenn Ihnen dieser Punkt in der Vorbereitung auf Ihr politisches Leben gelingt, dann ist ein großes Zwischenziel erreicht. Immerhin geht es jetzt um Ihre Identität als Homo politicus. Es geht um Ihre Glaubwürdigkeit. Und damit geht es letztlich um Ihr gesamtes politisches Kapital: Wenn Sie das, was Menschen mit Ihnen und Ihrem Namen verbinden sollen, nicht glaubhaft vermitteln können, dann mögen Ihnen Freunde noch so viel politisches Talent bescheinigen, dann mögen Sie noch so viel Erfahrung einbringen – es wird nicht klappen.

Probieren Sie es doch aus. Gehen wir mal davon aus, ein TV-Team steht vor Ihnen, das Mikrofon wird Ihnen unter die Nase gehalten und Sie müssen auf die berühmteste aller Reporterfragen an einen Politiker/eine Politikerin antworten: »Wofür stehen Sie?« Was würden Sie da sagen?

Ihre Antwort sollte nicht länger als 20 Sekunden sein.
Schreien Sie nicht auf, weil Ihnen das als zu kurz erscheint. Das ist im Fernsehen eine sehr lange Zeit. O-Töne in den elektronischen Medien dauern dieser Tage meist nicht länger.
Wenn Sie das Ganze niederschreiben, sollte es zwei Manuskriptzeilen lang werden.
Sie können Ihr Statement in drei Teile gliedern:

1. Als direkte Antwort auf die Frage »Wofür stehen Sie?« müssten Sie sagen: »Für x, y, z.« Maximal drei Werte, Eigenschaften oder Beschreibungen sollen Sie hier anführen. Mehr ist ein Overkill, geht verloren und macht Ihr Statement unnötig länger.
2. In die Ankündigung oder Vermittlung eine Initiative einbauen, die Sie

entweder vorhaben oder bereits durchführen: »Ich werde xyz«, »Ich will xyz« oder »Ich mache xyz«. Aktiv zu sein und diese Dynamik auch zu zeigen ist ein Leadership-Erfolgsfaktor, so auch in der Politik. Gleichzeitig betonen Sie damit auch, dass Sie Verantwortung tragen und wollen. Jemand, der das nicht wollte, würde sich niemals so deutlich hinauslehnen, sondern sich eher hinter Formulierungen wie »Man wird dafür Sorge tragen müssen« oder »Wir werden uns dafür einsetzen« verstecken.

3. Der dritte und letzte Teil Ihres Statements sollte nun das, was erreicht werden soll, was am Ende Ihres politischen Handelns stehen soll, Ihre Vision beschreiben. Betonen Sie die Auswirkungen Ihres Handelns im Interesse der Allgemeinheit. Das verbindet.

Konsequenzen sind visionärer und inspirieren mehr als quantitative Ziele: »Unsere Kinder sollen in fünf Jahren wieder sauberes Wasser trinken können« inspiriert mehr als: »Wir wollen die Schadstoffe im Trinkwasser auf xy mg Kupfer reduzieren.«

Gut und schön, aber wie kommt man jetzt zu einer solchen Positionierung bzw. Vision? Um es gleich vorwegzunehmen: Sie können das nicht delegieren. Sie müssen da selbst ran, Externe sind hier nur Beiwerk und Hilfskräfte.

Positionierung

Um Werte oder Eigenschaften, wofür Sie stehen oder stehen wollen, zu definieren, müssen Sie nachdenken und viel reflektieren, idealerweise mit kritischen Bekannten, Beratern oder einem Coach. Denn hier geht es darum – ähnlich der Corporate Identity bei einem Unternehmen oder den Leitlinien in einer Non-profit-Organisation – knapp und konzis zu definieren: Wofür wollen Sie stehen, wofür können Sie stehen?

»Meine beiden zentralen Werte sind Gerechtigkeit und Selbstbestimmung.« Marie Ringler, Die Grünen

»Ich sehe mich als Brückenbauer.« Mag. Karin Miklautsch, FPÖ

Wunschvorstellungen, die nicht mit Ihrer Persönlichkeit und Ihrem politischen Anspruch verbunden werden können, haben hier keinen Platz. Es ist also wenig glaubwürdig und Erfolg versprechend, wenn Sie sich als dynamisch und ehrlich darstellen, wenn Ihre persönliche Vergangenheit

Sie als bedächtig ausweist und Ihnen verschiedene Fälle von gebeugter Wahrheit nachgesagt werden können. Gehen Sie bitte davon aus, dass, wenn Sie ein, zwei, drei Begriffe, für die Sie stehen wollen, unter der Vielzahl von Möglichkeiten auswählen, diese dann auch besonders stimmig und passend sein müssen. Die Journalisten und die Öffentlichkeit werden Sie auch anhand dieser Begriffe besonders messen. Dem verstorbenen österreichischen Bundespräsidenten Dr. Thomas Klestil wurde dies zum Problem: Er trat 1992 an als jemand, dem die klassische Familie ein besonderes Anliegen wäre, um dann wenig später als seit Jahren fremdgehender Ehemann enttarnt zu werden.

Hätte er seine Familienaffinität nicht zu einem zentralen Punkt seiner Positionierung gemacht, wären die Wogen der Erregung sicherlich weniger hoch geschlagen.

Oder: Wenn ein 130 kg schwerer Politiker Sparsamkeit und Straffheit als hauptsächlichen Wert für sich definiert, dann ist das im Medienzeitalter schwierig. Ja, es ist unfair, aber Sie müssen auch darauf achten, ob Ihr Äußeres zu den von Ihnen gewählten Werten passt. Ihre innere Haltung muss sozusagen durch Ihr Aussehen bestätigt werden.

Natürlich ist es möglich, für Begriffe zu stehen, die nicht automatisch mit Ihnen verbunden worden wären. Neu- oder Re-Positionierung nennt man so was. Es sei Ihnen nur bewusst, dass es sehr anstrengend sein kann. Ein Politiker, der volksverbunden dargestellt werden soll, obwohl er nicht volksverbunden ist, bedarf eines so hohen Ausmaßes an Inszenierung, dass die Frage »Rechtfertigt der Aufwand den Nutzen?« legitim ist. Dazu birgt diese Strategie die ständige Gefahr, zu scheitern, in sich.

Was in den 60er-Jahren noch funktionierte, wäre heute nicht mehr denkbar: John F. Kennedy, den bis zum heutigen Tag der Touch des jugendlichen, kraftstrotzenden Energiebündels umgibt, war de facto todkrank, medikamentenabhängig und wäre vermutlich nicht älter als 60 geworden, hätte er das Attentat von Dallas überlebt. Weil er so krank war, verpassten ihm seine Berater das genaue Gegenteil als Image.

Zeitgenössische Medien würden einen solchen diametral der Realität widersprechenden Marketing-Schwindel wohl auffliegen lassen.

Fazit: In freien Demokratien ist es schwierig und im Interesse Ihrer Authentizität nicht erstrebenswert, Ihre Positionierung nicht Ihren wahren Interessen und Leidenschaften anzupassen. Oder anders gesagt: All Ihre Werte, für die Sie stehen wollen, müssen sich in Ihren Handlungen und Aussagen widerspiegeln. Andernfalls haben Sie ein Glaubwürdigkeitsproblem oder einen erhöhten Erklärungsbedarf.

Vision

Menschen gehen in die Politik, weil sie ein spezielles persönliches Anliegen haben. Da wollen sie mitarbeiten, da wollen sie Veränderung herbeibringen, da wollen sie ihren Stempel draufsetzen. Insofern ist die Frage nach den Zielen und Visionen, für die Sie stehen wollen und werden, vielleicht prinzipiell gar nicht so schwierig.

> *»Quereinsteiger bringen frisches Blut in die Politik, aber es funktioniert nur, wenn sie mit einer Vision kommen.« Mercedes Echerer, Die Grünen*

Trotzdem steht fest: Es ist nicht einfach, eine Formulierung zu finden,
• die von jedem sofort verstanden wird,
• die wirklich zu Ihnen passt,
• die nicht schon x-fach kursiert und damit austauschbar ist,
• die mit den Vorstellungen Ihrer Partei oder zumindest einzelner prominenter Parteifunktionäre übereinstimmt.

Und da sind wir schon bei einem wichtigen Thema: Solange Sie keine eigene neue Partei gründen, deren Inhalte und Visionen Sie ad personam festlegen, müssen Sie sich innerhalb der politischen Systeme Deutschlands und Österreichs an ein Mindestmaß an parteilichen Spielregeln halten. So wie in jedem Unternehmen: Es gibt eine gemeinsame Basis an Werten und Visionen, hier sollten Sie mit Ihren Vorstellungen halbwegs stimmig sein – sonst sind Sie nämlich bei der falschen Partei.
Eine weitere Frage ist es, ob Sie dieselben Ziele und Maßnahmen zu Ihrer Vision ableiten wie das Gros Ihrer KollegInnen. Vermutlich werden Sie hier auf Unterschiede stoßen. Vielleicht sogar auch auf Widerstand, wenn Sie sich für Aktivitäten stark machen wollen, für die schon jemand anderer seit Jahr und Tag ficht.

> *»Man sollte sich anschauen, welche Positionen sind von wem besetzt. Wo ist meine Nische?« DI Uwe Scheuch, FPÖ*

Was tun? Suchen Sie sich doch bitte eine Nische innerhalb Ihres Fachgebiets, in der Sie operieren können und wollen. Nehmen wir an, Sie wollen – so wie die Partei, für die Sie antreten oder bei der Sie einsteigen – die Ausbildung entstauben. Dann suchen Sie sich ein Zukunftsprojekt, das noch von keinem Ihrer höherrangigen ParteikollegInnen abgedeckt wird. So unterstützen Sie dann nämlich auch die Fraktionsleitung, nehmen dennoch niemandem was weg und können sich trotzdem profilieren.

Eins ist klar: Je breiter Ihre Vision ist – z. B. »Gleichberechtigung auf allen Ebenen einführen« oder »Arbeitsplätze sichern« –, desto länger haben Sie zwar daran zu arbeiten, weil so viele Teilaspekte abgedeckt werden. Sie werden dadurch aber auch sehr austauschbar – die Unverwechselbarkeit und Prägnanz bleibt auf der Strecke.

»Meine Vision: Ich will, dass jeder unabhängig vom Geldbeutel seiner Eltern Bildungschancen kriegt.« Ingo Rust, SPD

Ihre Vision soll inspirieren. Ihre dazugehörenden Ziele und Maßnahmen sollen zum Mitmachen motivieren. Ob Sie mit Ihrer Vision aber auf Ihre WählerInnen tatsächlich inspirierend wirken oder nicht, ist im Wesentlichen von vier Erfolgsfaktoren abhängig:

1. Die WählerInnen müssen sich angesprochen fühlen.
Nur wenn die WählerInnen mit Ihren Werten und Ihrer Zukunftsvorstellung etwas anfangen können, kann der Funke überspringen.
Der jeweilige aktuelle Kontext ist hier natürlich mit zu berücksichtigen: In einer Ära von Überfluss und Unehrlichkeit sehnen sich die Menschen nach anderem als in einer Epoche, wo Unsicherheit und Mangel dominieren.

2. Die WählerInnen müssen das Gefühl haben, Sie glauben selbst daran.
Wenn Sie nicht selbst von dem, was Sie transportieren wollen, begeistert sind und dieser Enthusiasmus Sie trägt, können Sie nicht gut erwarten, dass andere es tun.
Gleichzeitig tragen Sie auch wesentlich zu Ihrer Glaubwürdigkeit bei, wenn Sie selbst auch bereit sind, Opfer zu tragen, um Ihre Werte zu leben und Ihrer Vision näher zu kommen.

»Das Einfachste ist, wenn man bei sich ist, wenn man authentisch ist.« Mag. Karin Miklautsch, FPÖ

3. Die WählerInnen müssen Sie selbstbewusst und zielorientiert erleben.
Selbst wenn Sie die edelsten Tugenden und die hehrsten Ziele in sich vereinen: Wenn Sie nicht den Willen zeigen, diese auch zu erreichen, wird man Ihre Erfolgschancen als gering einstufen und lieber auf jemanden anderen setzen.
Sie müssen sehr pragmatisch an die Machbarkeit Ihrer Vision glauben und gezielt und selbstbewusst an deren Umsetzung arbeiten.

4. Die WählerInnen müssen ein lauteres Motiv erkennen.

Das alles nützt Ihnen aber gar nichts, wenn es Ihnen offenkundig nicht um die Sache selbst geht, sondern um Ihre Eigeninteressen oder jene Ihrer Organisation. Die Leadership-Forschung unterscheidet da zwischen power-oriented und social-oriented. Wenn Sie so wollen: Erstere sind die, die Macht aufbauen und Macht erhalten wollen, die eingesetzten Mittel dienen diesem Zweck. Zweitere sind die, die ein am Gemeinwohl orientiertes Ziel anstreben, die sich um das Wohl anderer kümmern wollen und Macht brauchen, um dieses Ziel zu erreichen, und nicht umgekehrt.

»Aus dem Streben und Erhalten der Macht ergeben sich nicht notwendigerweise nur Nachteile.« Alexander Graf Lambsdorff, FDP

»Ohne ein Mindestmaß an Mechanismen, die Kräfte zu bündeln, ist Politik nicht möglich.« Dr. Peter Pelinka, »News«

Inspirieren können Sie nur über große Ideen, nicht über Machtspiele.

Die eigene Organisation –
Wo ist mein Platz?

»Was ich hier in den ersten vier Wochen erlebt habe, schlägt dem Fass den Boden aus.« Eberhard Otto, FDP, in seiner ersten Bundestagsrede Nov. 2002

Was Ihnen als Nächstes ins Haus steht, ist Ihre Integration in den Apparat. Das ist ein Prozess, der Menschen in exekutiven wie legislativen Positionen gleichermaßen betrifft. Im Unterschied zu Bürgermeistern, Präsidenten und Regierungsmitgliedern, die parallel zur parteilichen Struktur über ihre eigenen Einflussbereiche verfügen können, sind allerdings KollegInnen, die parlamentarisch tätig sind, den jeweiligen Fraktionsvorsitzenden sowie der entsprechenden Programmatik viel mehr ausgesetzt bzw. von beiden in ihrem Wirken viel eher abhängig.

Vor diesem Hintergrund haben es exekutive PolitikerInnen auch deutlich weniger nötig, sich Wohlwollen und Unterstützung in der jeweiligen Organisation aufzubauen. Ob sie sich mit der Parteizentrale gut vertragen oder nicht, ist für all jene, die sich an der Peripherie befinden, die direkt gewählt wurden oder in ihrem Ressort eigene Entscheidungen treffen können und Personalhoheit haben, nur dann wichtig, wenn sie eine Parteikarriere anstreben.

Die positive Einbettung in das System ist hingegen für die Arbeit von Abgeordneten fast lebensnotwendig.

»Wer als Quereinsteiger vorher keine Erfahrung in der Politik hatte, unterschätzt 1. die Eifersucht des Mittelbaus, der Funktionäre, die seit Jahren laufen und jetzt das Mandat nicht kriegen, 2. die innerparteilichen Netzwerke und die Verankerungen und 3. wie komplex alles ist. Je weiter man von der Zentrale weg ist, desto einfacher wird es.« Mag. Armin Wolf, ORF

Die interne Etablierung

»Ich wusste lange nicht, dass da ein Machtkampf läuft zwischen den Gruppen ...« Marie Ringler, Die Grünen

»Das Erste ist, dass man sich nicht überschätzt. Als Quereinsteiger kommt man in festgefügte, manchmal erstarrte Gefüge. Da schaut man mal, was machen die gut, was machen die schlecht, wie kann ich mich unter den gegebenen Verhältnissen einbringen. Wichtig ist, dass man nicht alles besser weiß. Man ist ja auch kein Supermensch.« Kordula Schulz-Asche, Bündnis 90 – Die Grünen

Um die gruppendynamischen Entwicklungen in Ihrem Klub, Wahlkreis oder Ihrer Bewegung besser voraussehen zu können, ist es hilfreich, sich wie immer, wenn man wo neu dazukommt, folgende Fragen zu stellen:

1. Wer war vor mir auf dieser Position und wie unterscheidet sich dessen/deren Stil von meinem? Wie motivierend ist es für die Menschen, sich nun auf mich einzustellen?
2. Wie offen sind die Menschen intern für einen neuen Stil bzw. inwieweit sehen Sie mich grundsätzlich positiv oder negativ? Welcher Ruf eilt mir voraus?
3. Wer hätte neben mir sonst gerne diese Position bekleidet bzw. diese Chance bekommen? Es kommt teils von selbst, teils durch Sie initiiert zur Bildung einer Gruppe, die sich mit Ihnen verbunden fühlt.
4. Welches Standing hat der-/diejenige, der/die mich geworben hat? Welchem Flügel gehört er/sie an? Wird man mich auch mit seiner/ihrer Art, Politik zu machen, assoziieren?

Haben Sie sich das bewusst gemacht, dann werden Sie höchstwahrscheinlich nicht sofort mit Anlauf ins nächste Fettnäpfchen springen.
Vor allem als Quereinsteiger müssen Sie davon ausgehen, dass Ihnen – wenn Sie nicht von einer ausgehungerten, von Niederlagen und Rückschlägen gezeichneten Gruppe als Retter in der Not empfunden werden – Neid und Eifersucht entgegenschlägt. Etliche brave, fleißige MitarbeiterInnen sehen sich durch Sie, der/die Sie da wie der Deus ex Machina aus dem förmlichen Nichts auftauchen, um ihren Einsatz betrogen. Die professionelle Erkenntnis, dass die Dauer der Mitarbeit und das Ausmaß der Loyalität nicht zwangsläufig zum nächsten Front-Man oder zur nächsten Front-Woman qualifizieren, ist nicht immer jene der Mehrheit. Viele sehen im demokratischen System Spitzenpositionen als Zeichen der Dank-

barkeit der Organisation an seine/ihre engagierten Mitglieder. Dass nicht jeder, der großartige Arbeit hinter den Kulissen leistet, auch auf der Bühne selbst reüssieren muss, wird gerne übersehen. Diese Einsicht kann in unserer Welt, die das Rampenlicht oft höher wertschätzt als die Pfeiler und das Grundgerüst, auch wirklich wehtun. Gehen Sie also davon aus, dass Sie als Quereinsteiger von der Basis eher skeptisch als strahlend empfangen werden. Dass Sie mit Argusaugen beobachtet werden und vor allem von jenen, die sich zu Recht oder zu Unrecht übergangen fühlen, das Gefühl vermittelt bekommen, man warte nur darauf, dass Sie das erste Mal ausrutschen.

»Wenn sich Leute engagieren, dann wollen sie Anerkennung haben. Und welche Anerkennungsmöglichkeiten hat eine Partei? Oft sind Funktionen die einzige Möglichkeit. Aber es gibt immer viel weniger politische Ämter als Interessenten. Das frustriert schnell.« Marie Ringler, Die Grünen

Was tun?
• Ansprechen
Haben und zeigen Sie Verständnis für diese Gefühle. Und sprechen Sie entweder gleich bei Ihrem ersten Kontakt mit dieser Gruppe an, dass Sie es wohl nachfühlen können und auch akzeptieren, oder thematisieren Sie ebenfalls gleich neben Ihren Stärken auch die unübersehbare Schwäche: von innen nicht viel zu kennen und daher umso mehr auf die Basis angewiesen zu sein. Laden Sie sie ein, gemeinsam mit Ihnen erfolgreiche Arbeit zu leisten.
Am besten, Sie versammeln alle auf einen Fleck und halten eine kleine Antrittsrede. Vermitteln Sie dabei nicht nur Ihre Freude über die Zusammenarbeit und die bevorstehenden Aufgaben, sondern geben Sie den KollegInnen auch einen Einblick, was Ihnen wichtig ist. Und apropos: Wichtig ist, dass Sie dabei keine Worthülsen produzieren, sondern persönlich und authentisch sind.

• Zuhören
Laden Sie alle, auf deren innerorganisatorische Hilfe Sie angewiesen sind, auf ein Gespräch unter vier Augen oder zumindest im kleinen Kreis ein. Lassen Sie sich erzählen, was die größten Erfolge der Gruppe, der Abteilung, des Ressorts, der Sektion bis dato waren und was die größten Pleiten oder Niederlagen. Hören Sie sich an, was man als die entscheidenden Herausforderungen der nächsten Jahre sieht und wo jeder glaubt, einen wesentlichen Beitrag zur Erreichung des gemeinsamen Ziels leisten zu

können. Fragen Sie, was jedem am meisten Spaß macht und was jedem wichtig ist – auf diese Weise erfahren Sie, welche Werte bisher die Gruppe bestimmen.

»Am Anfang ist es sehr zu empfehlen, zuerst einmal zuzuhören, bevor man mit eigenen Meinungen vorprescht. Da kann man sonst viel verhauen.« Mag. Karin Miklautsch, FPÖ

• Engagieren
Zeigen Sie, mit welcher Begeisterung und Energie Sie an die Probleme herangehen. Frei nach dem Motto: Die Vergangenheit und Ihre mangelnde interne Erfahrungen können nicht weggezaubert werden, aber der Elan, der von Ihnen ausgeht, ist groß und die Dynamik positiv.

»Man darf nicht nur warten, bis die Information kommt. Man muss selbst fragen.« Caren Marks, SPD

• Wichtig nehmen
Interne KollegInnen sollen Ihnen nie zu minder sein. Ja, Sie sind wahrscheinlich medial begehrt, wenn Sie als prominenter Quereinsteiger in der Politik Fuß fassen wollen. Ja, die Welt reißt sich vielleicht sogar um Sie und will Wortfetzen erhaschen.
Doch in Ihrem zukünftigen Erfolg sind Sie – ob Sie das jetzt ad hoc glauben oder nicht – nicht von den Medien, sondern von der Unterstützung Ihrer Basis abhängig. Sie wären wahrlich nicht der/die Erste, der/die von der Organisation isoliert und im Stich gelassen, nicht einmal annähernd die gestellten Aufgaben erfüllen kann und deshalb früher als nötig scheitert.

• Grenzen ziehen
Kommen Ihnen Intrigen oder Mobbing-Aktivitäten zu Ohren, dann legen Sie bitte einen Gang ein und gehen Sie direkt auf die involvierten Personen zu. Das vor allem, wenn Sie sich eines Morgens völlig unvorbereitet in einem Ihnen abträglichen Zeitungsartikel wiederfinden (siehe »Kritik kommt aus den eigenen Reihen«). Lassen Sie es nicht dabei bewenden, dass irgendjemand intern Unwahrheiten über Sie verbreitet oder polemisch agiert. Sie müssen einschreiten und die Herrschaften direkt um Aufklärung ersuchen. Damit verhindern Sie nicht nur einen Flächenbrand, sondern signalisieren auch allen anderen, was in so einem Fall passiert. Die wichtigsten Personen Ihrer Organisation sollten dabei über Ihr Vorgehen laufend informiert werden. Nur so kann man Sie nicht gegeneinander ausspielen.

»Man kann sich seine Kollegen nicht aussuchen. Das Spektrum der Menschen ist groß. Da muss man manchmal akzeptieren, dass einem Menschen begleiten, mit denen man weder privat noch beruflich normalerweise zu tun haben möchte.« Mike Mohring, CDU

• Vorsicht bei Einflüsterern

Nachdem das politische Geschäft – egal ob in der Interessen-, Standes- oder Parteipolitik – so personenbezogen ist, sind Eitelkeiten und Machtspiele an der Tagesordnung. Nicht jeder so genannte gute Rat ist auch tatsächlich gut gemeint, vermutlich häufiger als in anderen Gewerben gibt es Versuche, MitspielerInnen und hier insbesondere Newcomer wie Sie gezielt auszuschalten.

Prüfen Sie daher, von wem Sie welche Information bekommen, und fragen Sie sich immer, warum erzählt dieser Kollege und jene Mitarbeiterin gerade Ihnen gerade das gerade zu diesem Zeitpunkt.

»Vorsichtig sein, wenn einem einer einen Rat gibt! Nicht jeder meint es gut.« DI Uwe Scheuch, FPÖ

Strategische Partnerschaften

Es ist wichtig, dass Sie auch innerhalb Ihrer Organisation Netzwerke aufbauen.

Das ist nicht nur wichtig, um bei Abstimmungen Ihre Anliegen einfacher durchzubringen – es sichert Sie auch bis zu einem gewissen Grad ab, über informelle Informationsschienen zu verfügen und damit oft rascher und gezielter agieren zu können.

Wer diese Notwendigkeiten übersieht oder gering schätzt, lebt aufwändig – denn dadurch kann es viel mühsamer werden, Meinungen zu bilden und für Ihre Ziele entsprechende Mehrheiten zu finden. Oder gefährlich – denn in einer Gruppierung, in der jeder mehr oder weniger um sein Leibchen rennt, könnten Sie schnell isoliert oder von den internen, Ihnen unbekannten Mechanismen überrollt werden.

Es ist also überhaupt nicht egal, welches Standing Sie bei KollegInnen haben.

Konkret brauchen Sie Unterstützung, um
• bei Abstimmungen und Wahlen sich besser behaupten zu können,
• bei innerorganisatorisch zu vergebenden Funktionen gute Chancen zu haben,
• jederzeit fragen zu können, wie denn was funktioniert.

Gehen Sie mal nicht davon aus, dass es – ähnlich wie in manchen Unternehmen durch MitarbeiterInnen der Personalabteilung – eine Art von Welcome-Verantwortlichen gibt.

Wohl können Sie bis zu einem gewissen Grad damit rechnen, dass die Personen, die Ihren Eintritt in die Politik gefördert haben, Ihnen gerade zu Beginn mentorenhaft zur Verfügung stehen – immerhin müssen die ein minimales Interesse daran haben, dass Sie sich bewähren. Doch viele Dinge müssen Sie sich selbst zusammenreimen, müssen Sie sich selbst organisieren, müssen Sie selbst Ihre ersten Erfahrungen machen. Sind Sie als Abgeordnete/r aktiv, so erhalten Sie gleich zu Beginn einen für alle gleich lautenden Budget-Betrag. Damit finanzieren Sie Ihr Büro an der Stätte des Parlaments sowie Ihr Büro innerhalb Ihres Wahlkreises, Ihre höchstpersönlichen Werbeaktivitäten sowie Seminare, Trainings und Coachings, die Sie besuchen wollen (siehe Kapitel »Faktor 6: Das Team«).

»Da hilft einem keiner.« Eberhard Otto, FDP, auf die Frage, wie denn die ersten Tage in der Politik verlaufen wären.

Es gibt nun unterschiedliche Gruppierungen, auf die Sie bei der Errichtung Ihrer internen Netzwerke achten sollten:

• die Basis in Ihrem Wahlkreis
Letztlich sind es diese Leute, die Ihnen beim nächsten Wahlkampf helfen werden, wieder Ihre Funktion zu ergattern. Vergessen Sie also nicht, woher Sie kommen – aus welcher Region, aus welcher Branche, aus welchem Verband. Kümmern Sie sich um die Funktionäre bei Ihnen daheim – wobei »daheim« hier im übertragenen Sinne zu verstehen ist.

»Du musst die Basis pflegen. Dann pflegt sie auch dich. Die muss dich pflegen mögen.« DI Uwe Scheuch, FPÖ

Wenn Sie Kandidat eines bevölkerungsreichen Gebiets oder einer der einflussstarken Teilorganisationen sind, dann haben Sie schon per se einen Startvorteil. Denn Sie mögen noch so begnadete Fähigkeiten haben, wenn das Wahlsystem oder die Machtverhältnisse gegen Sie sprechen, dann sind Ihre Chancen von vornherein reduziert oder die Latte, die Sie überspringen müssen, höher. Oder anders ausgedrückt: Immer wieder werden andere Kandidaten, die deutlich weniger attraktiv und qualifiziert zu sein scheinen als Sie, den Vorzug auf einer Liste erhalten. Der Grund: Sie repräsentieren mehr oder wichtigere Stimmen als Sie.

• KollegInnen, mit denen Sie etwas verbindet
Garantie ist es keine, aber länger amtierende KollegInnen, die dieselbe
»Heimat« aufweisen wie Sie oder die demselben Geschlecht, der gleichen
Altersgruppe, derselben Berufsgruppe angehören, bieten grundsätzlich
ebenfalls gute Anknüpfungspunkte.
Anspruchsvoller ist es, sich themenspezifisch Verbündete zu suchen.
Denn da gehen die unterschiedlichen Standpunkte oft durch und über al-
le soziologischen Merkmale hinweg. Möglicherweise sind Ihre Unter-
stützer da von Mal zu Mal andere.
Immer öfter brechen die klassischen Fronten auf, nicht jeder Bauer geht
mehr in die Kirche und nicht jeder Gewerkschafter findet lockere Laden-
öffnungszeiten schrecklich – im Gegenteil: Politologen erwarten eine
Verstärkung von issue-orientierten Allianzen.
Da diese Gruppierung nicht so automatisch greif- und sichtbar ist wie andere, liegt es hier vor allem an Ihnen, Ihre strategischen Partner innerhalb
des Systems proaktiv zu suchen und zu identifizieren.

• KollegInnen, die über Einfluss verfügen
Es ist verständlich, wenn Sie gerade als Neuling danach trachten, sich einer bestimmten Clique anzuschließen. Doch sollten Sie gleichzeitig auch
darauf achten, dass dadurch Kontakte zu anderen Teilen der Organisation
nicht grundlegend gestört werden. Denn erstens kann jede Clique in der
Politik auch recht rasch wieder an Einfluss verlieren und dann sitzen Sie
womöglich im verkehrten Boot, und zweitens sollten Sie auch intern nie
aufhören, die Kommunikation substanziell abzubrechen. Nur wer miteinander kommuniziert, kann gemeinsame Ziele erreichen.

*»Ich beherzige sehr oft den Rat meines Vaters: Lass die Tür wenn mög-
lich immer einen Spalt offen.« Mag. Siegfried Nagl, ÖVP*

Stabiler ist es, wenn Sie sich eine konstruktive Gesprächsbasis und Akzeptanz bei dem einen oder anderen der übergeordneten Meinungsmultiplikatoren verschaffen: etwa bei jenen, die über für Sie wesentliche Kontakte bei Experten und Medien verfügen, die als graue Eminenzen gelten,
die am Geldhahn sitzen oder die die hierarchische Spitze repräsentieren.

• Internationale KollegInnen
Im Zeitalter der Globalisierung und in Ihrer Rolle als EU-BürgerInnen
können Sie sich internationalen Einflüssen gar nicht verschließen. Kein
Land, kein Gebiet, keine Sparte in unseren Ländern kann sich mehr als
isoliert betrachten und eine »Was kümmern mich die anderen?«-Mentali-

tät an den Tag legen. Insofern können KollegInnen, die auf dem Europa- oder Welt-Parkett zu Hause sind – VertreterInnen Ihrer eigenen Organisation in Brüssel oder Straßburg oder PolitikerInnen anderer Länder – entscheidende Partner sein.

Sei es zur Informationsbeschaffung, sei es zur lokalen Unterstützung bei überregionalen Themen, sei es zur eigenen Horizonterweiterung, sei es, um Ihnen Kontakte zu legen. Voraussetzend, dass Sie im Englischen konversationsfähig sind, sollten Sie Ihr Netzwerk auch gezielt über die Landesgrenzen hinaus legen.

• KollegInnen, die Sie einfach mögen
Wählen Sie Ihre Kontakte innerhalb Ihrer Organisation aber nicht ausschließlich nach taktischen Überlegungen aus. Das geht auf die Dauer aufs Gemüt, zudem sind Sie nicht nur leichter berechenbar, sondern handeln damit auch charakterlich bedenklich. Nur zu hoffen, wenn einen die Chefitäten unterstützen, dann hat man gewonnen, ist ein Trugschluss. Lassen Sie auch Ihr Herz sprechen.

»Sympathie kann auch in der Partei eine Rolle spielen. Wenn man sich bei einem Empfang nicht zum Vorsitzenden stellt, weil der einem unsympathisch ist, sondern zu denen aus der 2. oder 3. Reihe, die man mag, ist das o. k.« Anna Lührmann, Bündnis 90 – Die Grünen

Darüber hinaus: Freunde soll es auch im politischen Umfeld geben, mit ihnen gemeinsam vorwärts zu gehen hat eine hohe Qualität.

Eine für Ihren politischen Erfolg wesentliche Partnerschaft betrifft eine Personengruppe, die extern und intern gleichzeitig sind: die KollegInnen von den anderen Gruppierungen. Wer jenseits ihrer/seiner Partei- oder Organisationsgrenzen überhaupt keine Anknüpfungspunkte hat, wird sich schwer tun. Parteiübergreifende Sach-Koalitionen liegen im Trend, versprechen sie doch, die anstehenden tiefgreifenden Herausforderungen der Gesellschaft rascher zu lösen. Es ist ein Zeichen von Stärke, nicht von Schwäche, auch mit Menschen, die andere Positionen vertreten, mindestens eine Gesprächsbasis und in weiterer Folge eine Kooperationsbasis zu haben. Verzichten Sie daher nicht freiwillig auf Kontakte mit der Visa-vis-Seite – es kommt die Zeit, da werden Sie sie brauchen.

Ihre Foren zur Meinungsbildung

»Schwierig sind weniger die, die eh dagegen sind, sondern vielmehr die Gleichgesinnten, die man noch nicht restlos überzeugt hat.« Mike Mohring, CDU

»Demokratische Politik bringt ganz automatisch Frustrationen, weil man nicht wie Alexander der Große dauernd Knoten aufschlagen kann – sondern sie aufknüpfen muss.« Dr. Werner Perger, »Die Zeit«

»Am Anfang ist es wahnsinnig langweilig, weil die Prozesse so wahnsinnig mühsam und die Entscheidungen so langwierig sind. Deshalb ist es so wichtig, persönlich eine Mischung zu finden aus ›Das ist halt so‹ und ›Wie kann ich das machen, dass es trotzdem Spaß macht‹.« Kordula Schulz-Asche, Bündnis 90 – Die Grünen

Die Knochenarbeit beginnt innerhalb der eigenen Reihen. Denn es ist ja wahrlich nicht so, dass Sie alle in jedem Punkt einer Meinung sind. Es gelten natürlich auch hier die generellen Regeln der Kommunikation, wenn Sie überzeugen wollen:
Schildern Sie die Konsequenzen/Vision (wie es sein würde, wenn bzw. wie es nicht sein würde, wenn) Ihrer Idee, veranschaulichen Sie die Vorteile – für KollegInnen, für die Organisation und für das Allgemeinwohl (welchen der drei Aspekte Sie zuerst reihen, machen Sie bitte von Ihrem Visavis abhängig) – und zeigen Sie die wichtigsten nächsten drei Aktionsschritte in Richtung Ziel auf. Antizipieren Sie mögliche Einwände und thematisieren Sie Probleme von selbst. Klären Sie, was Sie von Ihrer Seite tun können, um einem Näherkommen Ihrer Idee dienlich zu sein.

Als Abgeordnetem stehen Ihnen im Wesentlichen vier Foren der Meinungsbildung zur Verfügung:

- das Vieraugen-Gespräch – um vorab internes Lobbying zu betreiben,
- die Partei-Veranstaltungen – die lokal, regional, national und international stattfinden,
- die Ausschüsse – hier werden die Gesetze bestimmt und hier wird die eigentliche Politik gemacht. Jede Partei entsendet in die Ausschüsse RepräsentantInnen entsprechend ihrer aliquoten Anteile in den Parlamenten. Bevor Sie allerdings im Ausschuss gemeinsam mit Ihren KollegInnen diskutieren, haben Sie Ihre Positionen schon an zwei Stellen abgestimmt: in der kleinsten Einheit, der Arbeitsgruppe, wo Sie sich mit je-

nen KollegInnen zusammensetzen, die aus Ihrer Fraktion im selben Ausschuss sitzen wie Sie, und in der nächstgrößeren Einheit, dem Arbeitskreis, einer Art Fraktionssitzung, wo sich alle KollegInnen Ihrer Organisation, die in irgendeinem Ausschuss sitzen, versammeln und die Strategien für die Verhandlungen durchgehen.

»Es ist wichtig, Koalitionen zu schaffen, zu schauen, wie diskutiert wer, und sich einfach zusammenzutun.« Bianca Gruner, DaimlerChrysler

• Das Plenum – de facto ist zu diesem Zeitpunkt der Meinungsbildungsprozess aber schon abgeschlossen. Deshalb auch die immer wieder aufstoßenden gähnend leeren Sitzreihen und gähnenden PolitikerInnen im Fernsehen. Hier geht es – abgesehen von Ausnahmen – um nichts mehr. (Dass von diesen Bildern sich allerdings viele Menschen eine Meinung über die nichts tuenden PolitikerInnen bilden, steht auf einem anderen Blatt.)

Bei großen programmatischen Diskussionen finden innerhalb unserer föderalen Systeme auch noch Sitzungen auf Regional- oder Landesebene statt. Ähnliches gilt wohl für den Meinungsbildungsprozess von Funktionären aus der Standes- und Interessenpolitik. VertreterInnen von NGOs oder für InitiatorInnen von Bürgerinitiativen haben es da oft aufgrund der strafferen, deutlich kleineren Organisation einfacher.

Der Weg von Ihrer eigenen persönlichen Meinung zu einer stringenten Position Ihrer Organisation kann weit sein – ungewohnt weit für all jene, die eher klare unternehmerische Entscheidungsstrukturen kennen. Da werden demokratische Prozesse anfänglich zur Geduldsprobe. Und umso mehr ist es im Sinne Ihrer Effektivität wichtig, eine klare Idee zu haben, wohin die Reise gehen soll.

»Am Anfang hab ich mir gedacht: Was soll das alles? Da arbeitest du viel, 14 Stunden, und dann dauert es eine Sekunde und das Ding landet im Papierkorb.« Eberhard Otto, FDP

»Man muss wissen, was man will und was nicht. Sonst verkommt das zu einer Laberpolitik und das versteht der Bürger auch nicht.« Arndt G. Kirchhoff, BDI-Mittelstandsausschuss

»Sonderfall« Politik?

»Man bewirbt sich oft mit dem Gedanken, man will was verändern. Die Möglichkeiten dazu sind aber beschränkt: Weit über 90 % ist Verwaltungsarbeit. Da ist die Wahrnehmung von außen sehr unterschiedlich zu dem, wie es sich dann von innen darstellt.« Dr. Michael Reusch, Ärztekammer Hamburg

Ticken die Uhren im politischen Leben anders? Existieren andere Spielregeln als im sonstigen »normalen« Leben? Ja, zumindest zum Teil. Die meisten dieser spezifischen Usancen haben im Übrigen ein schlechtes Image. Zumindest werden sie immer wieder von pozentiellen Kandidaten als Gründe genannt, warum sie sich letztlich dem Ruf versagen und dann doch nicht die politische Bühne betreten. Klischee oder nicht Klischee – sechs Aspekte prägen jedenfalls das Bild entscheidend.

1. Der Klubzwang

In großen Organisationen existiert ein buntes Spektrum an politischen Strömungen. Da kann es schon mal vorkommen, dass Sie punktuell beim politischen Konkurrenten sogar mehr Unterstützung für Ihre Ideen finden als in der eigenen »Familie«.
In einer exekutiven Position wie z. B. der eines Bürgermeisters oder Ministerpräsidenten ist das – wie schon erwähnt – nicht so sehr das Thema. Hier dominiert die Auffassung, für alle WählerInnen da zu sein – parteipolitische Programmatik verschwindet zusehends im Interesse einer lokalen Sachpragmatik.

»Angesichts der Breite der Partei kann es nicht immer so sein, dass jeder sagt, was er denkt – aber ein paar mehr Persönlichkeiten wie Friedrich Merz oder Roland Koch auch in den unteren Ebenen täten gut.« Philipp Mißfelder, CDU

»Es gibt genug Möglichkeiten, vor der Abstimmung Kritik zu äußern.« Laura Rudas, SPÖ

Jeder weiß, dass ich Sozialdemokrat bin. Aber von meiner Amtsauffassung her habe ich für alle dazusein.« Dr. Gerhard Seifried, SPÖ

Als Mitglied eines Parlaments oder sonstigen Gremiums sind Sie wesentlich weniger frei, parteiübergreifend zu agieren. Die Notwendigkeit, sich mit den anderen auf eine gemeinsame Position zu einigen, ist unabdingbar, weil sonst bei Abstimmungen überhaupt keine Mehrheitsverhältnisse zustande kämen.

»Die Parteipolitik, die parteiinternen Regelungen können eine furchtbare Stolperfalle sein.« Mercedes Echerer, Die Grünen

Diese Verpflichtung, sich unabhängig von Ihrer jeweiligen persönlichen Auffassung der Meinung Ihrer FraktionskollegInnen anzuschließen, wird landläufig mit dem negativ besetzten Wort »Klubzwang« ausgedrückt. Klubzwang suggeriert Diktatur, Unfreiheit, Willkürlichkeit. In der Realität haben Sie allerdings viele interne Möglichkeiten, Ihre Position – so sie von der allgemeinen abweicht – durchzusetzen (siehe »Ihre Foren zur Meinungsbildung«).

»Viele Sachen, von denen ich überzeugt bin, können auf den verschiedenen Ebenen zerredet werden. Da muss man sich zuerst mit sich selbst auseinander setzen und sich fragen: ›Hab ich Recht oder haben die andern Recht‹, und dann dafür kämpfen.« Eberhard Otto, FDP

Internes Lobbying ist in solchen Fällen angesagt. Ihre Erfolgschancen sind umso größer, je besser Sie Ihre KollegInnen und Ihre Präferenzen und Intentionen kennen.
Jedoch: Bitte akzeptieren Sie, wenn es Ihnen nicht gelingt, Ihre Position durchzusetzen. Letztlich zeigt Ihr Verhalten nach solch verlorenen internen Meinungsbildungsprozessen Ihr wahres Verständnis von Demokratie. Insofern können Sie den Klubzwang einfach auch nur als disziplinäre Maßnahme sehen, durch die es gelingt, alle KollegInnen zu einem demokratischen Verhalten – dem Repektieren von anderen Meinungen – anzuhalten.

»In einer Demokratie muss man akzeptieren, dass man auch überstimmt wird. Aber deswegen lege ich nicht die Hände in den Schoß.« Sonja Zwazl, Wirtschaftskammer Niederösterreich

»Das Pareto-Prinzip lautet 20 % Input und 80 % Output. In der Politik hab ich manchmal das Gefühl, es ist umgekehrt.« Mag. Siegfried Nagl, ÖVP

Wenn diese letztgültige Position, die Sie nicht verhindern konnten, an den Grundfesten Ihres Images nagt, dann sollten Sie überlegen, was zu tun ist.

Im extremsten Fall müssen Sie, um Ihre Glaubwürdigkeit, Ihr höchstes Kapital in der Politik, nicht zu verlieren, Ihrer Organisation den Rücken kehren. Normalerweise werden Sie sich von Journalisten-Seite Fragen wie »Sie haben doch bisher immer xy unterstützt. Wie können Sie mit der Entscheidung Ihrer Organisation leben?« gefallen lassen müssen. Wenn Sie und Ihre Organisation Meinungsvielfalt nicht als Nachteil, sondern als Ausdruck einer lebendigen Gesellschaft empfinden, dann wird Ihnen eine Stellungnahme à la »Ich kann damit leben, denn die Mehrheit hat es so entschieden und das ist zu respektieren« ganz leicht über die Lippen kommen.

»Wichtig ist, dass man kommunikationsfähig ist und selbst Menschen mitreißen und für Ideen werben kann. Aber genauso wichtig ist es, wenn man sich von anderen Ideen überzeugen lässt und nicht glaubt, nur die eigenen Ideen sind gut.« Caren Marks, SPD

»Ich glaube, die Menschen merken das, ob man hinter den Reformen steht oder ob man selbst zu den Zauderern gehört, die etwas vertreten, weil es zum Beispiel von der Fraktion so erwartet wird.« Caren Marks, SPD

»Ich bin bereit, Kompromisse zu machen, aber dennoch zu meiner Meinung zu stehen. Ich hoffe, dass ich mir dies behalten und mir meine Konturen und Kanten erhalten kann.« Philipp Mißfelder, CDU

»Auf Parteitagen hat jeder das Recht, zu reden. Nicht alles ist da immer klug, und manchmal hört man haarsträubenden Unsinn. Aber so laufen demokratische Entscheidungsprozesse ab und am Ende setzt sich hoffentlich das Sinnvollste durch. Wer damit Probleme hat, muss sich ernsthaft fragen: ›Ertrag ich das?!‹« Alexander Graf Lambsdorff, FDP

»Ich denke, es ist ein politischer Fehler, so zu tun, als ob alle einer Meinung sind. Ich bin dafür, dass man es einfach ehrlich sagt, dass man nicht vorspielt, eine politische Partei wäre eine Masse von irgendwelchen Dumpfleuten, die alle das Gleiche wollen.« Kordula Schulz-Asche, Bündnis 90 – Die Grünen

2. Kritik wird über die Medien ausgetragen

In der Welt der Politik gehören medial übermittelte Ohrfeigen zum Alltag. Gewöhnen Sie sich daran, dass Sie am Morgen die Zeitungen aufschlagen und Sie Artikel mit massiven Angriffen gegen Sie und Ihre Ideen vorfinden.

Vielfach werden Sie diese Attacken schon erwartet haben, weil sie Teil einer aktuellen Kontroverse mit dem politischen Gegenüber oder mit einer konkreten Interessengruppierung sind. Häufiger aber als anderswo werden Sie immer wieder mit Kritik konfrontiert, die entweder völlig überraschend oder persönlich-untergriffig ist.

Das kann vor allem zu Beginn Ihrer politischen Tätigkeiten, wenn Sie diese Usancen noch nicht gewohnt sind, wehtun, das kann sogar so weit führen, dass Sie tief in Ihrem Innern Ihre Entscheidung in Richtung Politik grundlegend in Frage stellen.

Solange Politik – und hier vor allem die Parteipolitik – von einigen als ein über die Massenmedien ausgetragenes Wettrennen in der Disziplin »Wer macht wen besser öffentlich zur Schnecke?« verstanden wird, werden Sie mit diesem Phänomen umgehen lernen müssen. Womit Sie aber immer punkten können:

- Zum einen die Kritiker gleichsam öffentlich zu einem Gespräch einzuladen und darauf hinzuweisen, dass Ihre Türen immer offen sind, dass aber bedauerlicherweise bis dato keiner der Kritiker mit Ihnen oder Ihren MitarbeiterInnen den Kontakt gesucht hat. Das Mindeste, was Sie dabei erreichen, ist, die mangelnde Konstruktivität im Vorgehen Ihrer GegnerInnen zu dokumentieren.
- Zum anderen die Wertschätzung für Kritik als solche und auch für Ihre Kritiker zum Ausdruck zu bringen, gleichzeitig aber Stil und Ton der Kritik zurückzuweisen.

Ob Sie selbst oder Ihr Pressesprecher/ihre Pressesprecherin diese Gegenstellungnahmen artikulieren, ist situationsabhängig. Besprechen Sie das mit Ihrem Team. Auf jeden Fall: Sie sollten sich nicht nur selbst verteidigen, sondern parallel dazu sollten andere, möglichst unangreifbare bzw. neutrale Persönlichkeiten für Sie öffentlich Stellung beziehen. Wie gut das funktioniert, ist eine Frage Ihres Beziehungsmanagements oder einfach gesagt: Wie konstruktiv und zielorientiert Sie bis dahin Ihre Kontakte aufgebaut und gepflegt haben.

Doch vergessen Sie nicht: Alle diese Manöver gelingen nur dann, wenn Sie selbst anders agieren. Ihre Retourkutschen sind nur dann glaubwürdig, wenn Sie selbst vorbildhaft eine andere Art des politischen Diskurses leben: z. B. Ihre Konkurrenten auf der Suche nach einer sinnvollen Lösung vorher kontaktieren bzw. nicht unter der Gürtellinie angreifen.

»Politiker kritisieren einander in der Öffentlichkeit. Und da ist es egal, ob es die Opposition ist oder Selbstzerfleischung. Die Leser kriegen nur mit: Die streiten. Das macht ein schlechtes Image, Ärzte tun das z. B. nicht.« Silvia Fuhrmann, ÖVP

»Im Betrieb wird man auch gemobbt oder mobbt selbst jemanden, aber in der Politik findet das öffentlich statt und mehrere Interessen treffen zusammen.« Kordula Schulz-Asche, Bündnis 90 – Die Grünen

3. Kritik kommt aus den eigenen Reihen

Professionelle Unternehmen zeichnen sich dadurch aus, dass ihre Manager es vermögen, nach außen eine einheitliche Sprachregelung wirken zu lassen. Das heißt, wer immer zum Sprecher gegenüber der Öffentlichkeit oder den Medien auserkoren wird, hält sich an eine vereinbarte Diktion und strategische Ausrichtung. Wer Entwicklungen im Unternehmen skeptisch sieht, findet interne Wege, diese Kritik zu äußern. Wird Kritik öffentlich, dann ist das fast immer ein Zeichen für schwere interne Turbulenzen, die absichtlich oder unabsichtlich kundgetan werden sollen.

Im politischen Leben kommt öffentliche interne Kritik signifikant häufiger vor. »Feind – Todfeind – Parteifreund« heißt es oft und man meint damit die Tatsache, dass aus den eigenen Reihen oft viel mehr und viel heftigere Kritik erwartet werden muss als von der Visavis-Seite.

»Es ist unangenehm: Oft werden Dinge über die Medien ausgetragen. Ich scheue die persönliche Konfrontation nicht. Wenn jemand ein Problem hat, soll er es mir ins Gesicht sagen.« Silvia Fuhrmann, ÖVP

»Je lauter geschrien wird, umso richtiger ist mein Weg.« Mag. Siegfried Nagl, ÖVP

Woran das liegt? Am Gerangel um einen guten Listenplatz für die nächste Wahl wohl ebenso wie an der mangelnden Fähigkeit oder Willigkeit, Meinungsdifferenzen konstruktiv und professionell auszutragen.

Lernen Sie rasch verstehen, wer innerhalb Ihrer Organisation welchen Einfluss hat und worauf dieser Einfluss aufbaut. Ist es die Persönlichkeit, die Brisanz des politischen Themas oder gut geknüpfte Netzwerke? Überlegen Sie dabei auch gleich, welcher dieser drei Aspekte Ihren Einfluss bestimmt. Und – ganz pragmatisch gedacht – welchen Vorteil Sie der Fraktion bringen bzw. welche Gefahr Sie für Ihre internen Gegner darstellen. Nur dann können Sie die Motivation hinter diesen Attacken orten und entsprechend dagegen auftreten. Auch wenn es unangenehm ist: Stellen Sie den Kritiker zur Rede, am besten unter vier Augen oder vier Ohren, bei »Wiederholungstätern« ist das Beiziehen von ZeugInnen sicherlich die adäquatere Methode. Manchmal ist es auch notwendig, Ihre Reaktion raschest an die gesamte Fraktion zu kommunizieren – ob persönlich oder schriftlich hängt vom Sachverhalt ab. Bedenken Sie aber immer: Selbst wenn schriftliche Klarstellungen oder Erklärungen für den rein internen Gebrauch vorgesehen sind, so müssen Sie immer damit rechnen, dass sie jemand an die Medien weitergibt. Damit müssen diese Statements auch den medialen Kriterien standhalten und dürfen im Falle einer Veröffentlichung Ihnen nicht schaden, sondern müssen Ihnen eher Vorteile einbringen.

Beachten Sie, dass der über die Medien ausgetragene Schlagabtausch nur selten die WählerInnen positiv stimmt. Wenn interne Querelen publik werden, dann ist es zwar nötig, dass alle Ihre Position kennen, grundsätzlich aber Deeskalation angesagt. Der Schaden, den sich Organisationen durch medial inszenierte Grabenkämpfe selbst zufügen, ist oft größer als die Treffer, die sie durch die Mitbewerber einstecken müssen.

Und wenn es irgendwie geht: Verhindern Sie, dass Sie sich selbst in die Niederungen dieser Usancen begeben. Sonst tragen Sie sehenden Auges dazu bei, Ihre Persönlichkeit negativ zu verändern.

»Eifersucht gibt's überall, aber hier ist es eine öffentliche. Wenn man unter der harten Haut auch das Herz verhärten lässt … ich bezweifle, dass man dadurch ein guter Politiker wird.« Mercedes Echerer, Die Grünen

4. Sie stehen permanent in der Öffentlichkeit

Ob es Ihnen passt oder nicht: Sie erzeugen als gewählte Vertreterin/gewählter Vertreter erhöhtes Interesse. Sie bilden das Tagesgespräch und ziehen die Aufmerksamkeit der Medien auf sich. Was immer Sie tun oder kommunizieren, bekommt einen durch Ihre neue Funktion oder Aufgabe gefärbten Touch.

Privatheit wird immer seltener möglich sein. Eine persönliche Meinung zu vertreten wird zum Ausdruck von besonderer Zivilcourage. Was andere dazu meinen, was Sie meinen, kann wichtig werden – egal, ob Sie Ihre Meinung nun jener der anderen anpassen oder nicht.

»Sie können nicht mehr alles sagen, was Ihnen durch den Kopf geht.« Dr. Michael Reusch, Ärztekammer Hamburg

»Es ist eine Frage der Persönlichkeit. Starke schaffen das, schwache nicht.« Alexander Graf Lambsdorff, FDP, auf die Frage, ob das permanente Agieren in der Öffentlichkeit nicht zu einer Verformung der Persönlichkeit führt.

5. Sie können gar nichts dafür

Bewahren Sie sich Ihren Idealismus, hegen und pflegen Sie ihn. Denn diese Tugend wird oft und oft im politischen Leben erschüttert werden.

Öfter als sonst wo, so scheint es, rennen Sie sich die Seele aus dem Leib, geben Sie all Ihr Herzblut, tun Sie alles, was professionell, engagiert und richtig ist – und dennoch entwickeln sich die Dinge anders, als Sie und Ihr Projekt es sich eigentlich verdient hätten.

Das Ganze hat drei Gründe: Erstens, weil für Länder der EU mittlerweile ein überwiegender Teil der Gesetze in Brüssel entschieden wird (ca. 70 %) und Ihre lokalen Gebarungen oder Initiativen nicht mehr die frühere Bedeutung haben. Zweitens, weil Sie im Guten, aber natürlich auch im Schlechten großen politischen Trends ausgesetzt sind.

> *»Und wenn die Großwetterlage umschlägt, dann kann der Einzelne vor Ort gar nichts ausrichten.«* Mike Mohring, CDU

Drittens, weil Partikularinteressen und gewachsene Traditionen Ihnen da öfter, als es Ihnen lieb ist, einen Strich durch die Rechnung machen. Und obwohl Sie sich bemühen, obwohl Sie alles Menschenmögliche in Bewegung setzen, obwohl der Hausverstand und die Sachlogik dafür spräche, kommt es dennoch nicht oder nicht in der möglichen Zeit zur gewünschten Lösung. Vermutlich bleibt Ihnen beim ersten Mal der Atem weg vor lauter Desillusionierung. Damit müssen Sie umgehen können, wollen und lernen.

6. Gruppendynamischer Druck

Womit wir bei einer Kernfrage sind: Müssen Sie auch bei Dingen mitspielen, die Ihnen zutiefst zuwider sind? Die Sie für unlauter, inkorrekt oder unprofessionell halten, die Ihnen aber unter dem Motto »So ist das halt in der Politik« als notwendige Maßnahme präsentiert werden? Dinge, die Sie bisher nur aus den Medien gekannt haben wie sachlich ungerechtfertigte Bevorzugungen bei personalpolitischen Entscheidungen, Pakte, die an den Interessen der WählerInnen vorbeiführen, oder Attacken um der Attacken willen, die den Konflikt aufrecht erhalten, aber jeglicher fundierter Grundlage entbehren?

Was tun, wenn Sie das Gefühl haben, leicht zu einer Schachfigur im Spiel »Machterhaltung um jeden Preis« verkommen zu können, wenn Ihnen Verhaltensweisen nahegelegt werden, die Sie vor sich selbst oder Ihren WählerInnen bei aller Loyalität zur Organisation nicht verantworten können?

»Meiner Meinung nach soll sich die Partei zurücknehmen. Wir Politiker sollten uns darauf besinnen, worauf wir vereidigt sind. Nicht auf eine Partei, sondern auf die Republik Österreich.« Dr. Gerhard Seifried, SPÖ

»Love it, leave it or change it«, sagen die Amerikaner sehr plakativ. Sie können sich also anpassen, damit Bestandteil des Systems werden und auf Fragen von Freunden mit den Achseln zucken und gleichfalls erklären: »So ist das halt in der Politik.« Sie können das Handtuch werfen oder es darauf ankommen lassen. Und Sie können gezielt versuchen, einen Beitrag zur Veränderung zu tätigen. In letzterem Fall ist es aber mehr als ratsam, diesen Weg nicht allein, sondern ebenfalls wiederum mit Verbündeten, Allianzpartnern, Gleichgesinnten zu beschreiten. Sie sind sicher nicht allein mit Ihren Abwehrmechanismen. Abgesehen von den WählerInnen und den Medien finden Sie ganz sicher auch Reformwillige in den eigenen Reihen oder in nahe stehenden Bereichen, die über Einfluss verfügen. Wie sanft oder radikal Sie diese Veränderungen in Angriff nehmen, ist eine Frage der Rahmenbedingungen.

»Ich schau mir jeden Morgen noch in die Augen. Da hat jeder seine persönliche Grenze.« Bianca Gruner, DaimlerChrysler

»Man kann nur versuchen, in Kontakt mit denen zu bleiben, für die man vorgibt zu sprechen. Indem man kritisch überprüft, führt das, was ich tue, zu dem, was ich vorhatte.« Dr. Michael Reusch, Ärztekammer Hamburg

Es ist schon klar: Standes-, Interessen- und Parteipolitik wird getrieben von den Faktoren Machtgewinn, Machtgebrauch und Machterhalt. Aber: »Man kann als Politiker selbst bestimmen, ob und wie man sich verändert.« (Anna Lührmann, Bündnis 90 – Die Grünen) Oder noch mal anders: »Man kann nur so sein, wie man ist. Ein Mensch mit Ecken und Kanten. Man muss nicht jeden Tag mitsaufen.« (Dr. Gerhard Seifried, SPÖ)

Das Handwerk –
Was muss ich können?

»Was von dir in der Politik abverlangt wird, ist übermenschlich. Wir sollen Manager sein nach innen und außen, Medienstars sein nach innen und außen, fachlich in allen Bereichen sofort antworten können.« Mag. Siegfried Nagl, ÖVP

»Die fachliche Kompetenz wird überschätzt. Als Manager sind Sie ja auch an einem Tag zuständig für Nudelherstellung und an einem anderen Tag für Autoreifen, und es geht.« Anna Lührmann, Bündnis 90 – Die Grünen

»Ich wusste nichts. Der Vorteil war: Ich bin mit dem Charme und dem Mut der Unwissenden ins kalte Wasser gesprungen.« Mercedes Echerer, Die Grünen.

Was PolitikerInnen aller Bereiche tatsächlich können müssen, steht nirgendwo festgeschrieben. Eine klassische Ausbildung, verpflichtend, mit Abschlussprüfung oder Ähnlichem gibt es nicht. Ein Blick auf die Programme der diversen hauseigenen Akademien und Fortbildungsstätten beweist: Der Schwerpunkt liegt auf der Schulung der emotionalen Kompetenz, darüber hinaus wird eine Art »Staatsbürgerschaftskunde für Erwachsene« angeboten.

Und wie steht es mit dem fachlich-sachlichen Know-how?
Als Standes- oder Interessenvertreter kommen Sie aus der Branche, in der Sie politisch aktiv werden wollen – hier kann Ihnen keiner ein X für ein U vormachen. In der Parteipolitik hingegen ist es purer Zufall, ob Sie sich in der Materie, über die Sie mitentscheiden, auskennen oder nicht. Das System sieht für Parlamentarier oder KommunalpolitikerInnen nicht grundsätzlich einen spezifischen fachlichen Hintergrund oder mehrjährige Erfahrungen in anderen Bereichen der Gesellschaft vor.

Und umgekehrt: Ein Kultur-, Wirtschafts- oder Umwelt-Experte zu sein, macht noch lange keinen guten Politiker. Für Political Leadership sind vielfach andere Komponenten ausschlaggebend. Das Ideal ist aber zweifelsohne, sowohl über emotionale als auch über fachliche Kompetenz zu verfügen.

»Früher dachte ich, das Verhältnis Fach- und soziale Kompetenz ist 50:50. Heute weiß ich, die soziale Kompetenz ist wichtiger.« Silvia *Fuhrmann, ÖVP*

Lassen Sie uns an dieser Stelle im Detail ansehen, was Sie für die Umsetzung von Political Leadership können sollten.

1. Professionell kommunizieren

»Es ist oft ein Balanceakt, wie man etwas nach innen und nach außen kommuniziert.« Mike Mohring, CDU

Das ist das A und O im politischen Leben. Wer nicht die Sprache – in Wort und Schrift – perfekt beherrscht, wird nie alle Möglichkeiten des Erfolgs ausschöpfen.
Menschen, die politisch aktiv sind, müssen imstande sein, zielgruppenadäquat und entsprechend den Gesetzen des jeweiligen Mediums ihre Botschaften zu artikulieren. Ob das interne Zielgruppen sind wie Vorgesetzte, KollegInnen oder MitarbeiterInnen oder externe Zielgruppen wie WählerInnen, Mitglieder, MeinungsführerInnen oder JournalistInnen, bleibt sich gleich. Kommunikation ist ein Handwerk wie Schuster, Schneider oder Leinenweber.
Natürlich gibt es auch hier mehr oder weniger Talentierte. Natürlich gibt es Leute, die dank ihres offenen Wesens oder ihrer Mentalität, ihres Temperaments oder ihres Charmes von vornherein gewisse Vorteile genießen. Ja, das ist möglich. Dennoch: Jede und jeder kann – wenn sie oder er dieses Handwerk erlernt – ein nötiges Mindestmaß an Fertigkeit erlangen.
An sich sollten wir in unseren medienaffinen Zeiten dieses Handwerk wie Mathematik oder Geschichte in der Schule lernen. Denn es würde jedem unter uns – privat wie beruflich – immens helfen, nicht nur das »Was«, sondern auch das so überaus wichtige »Wie« in der Kommunikation zu beherrschen. Doch solange das nicht der Fall ist, handeln Sie als Jung-PolitikerInnen und Neo-Funktionäre grob fahrlässig, wenn Sie nicht unmittelbar vor oder nach Ihrem Eintritt in die neue Welt der tagtäglichen Öf-

fentlichkeit dieses Handwerk im Seminar oder beim Training erlernen respektive sich mit dem Coach betreffend Ihrer individuellen Stärken und Schwächen auseinander setzen.

Pflichtprogramm für Ihre ersten 100 Tage: Medientraining, Präsentationstraining, Verhandlungstaktik oder Gesprächsführungsseminare und Leadership-Coaching. Sollte Ihr Englisch nur mehr in schulischen Spurenelementen vorhanden sein, sollten Sie als VertreterIn eines EU-Landes auch noch gleich einen Crash-Kurs dazubuchen.

2. Eine kritische Distanz bewahren

Achten Sie darauf, eine Balance zwischen Enthusiasmus und Entspanntheit herzustellen. Wie auch in anderen Bereichen des Lebens hängt Ihr Wirken elementar davon ab, dass Sie auf der einen Seite zwar leidenschaftlich, aber nicht verbissen, begeistert, aber nicht krampfhaft ehrgeizig, und auf der anderen Seite zwar gelöst, aber nicht gleichgültig, illusionslos oder gar resignierend sind.

Natürlich ist es entscheidend, dass Sie selbst aus vollem Herzen an Ihren politischen Auftrag glauben und dieses Engagement auch leben. Auf der anderen Seite kann, wenn Sie nicht gegensteuern, Ihr Beruf dadurch eine Wichtigkeit bekommen, die er nicht hat und die ungesund ist und den Blick auf notwendige Erkenntnisse und Weiterentwicklungen verstellt.

»Ich darf nicht arrogant sein, wenn man mich kritisiert. Ich bin nicht Superwoman.« Laura Rudas, SPÖ

• Beschäftigen Sie sich mit nicht-politischen Dingen
Steigen Sie ganz bewusst aus der Welt der Politik aus und machen Sie sich den Weg frei zu völlig anderen Erlebnissen oder Einsichten. Ob Sie nun in Ihrer Freizeit Squash spielen, Trompete blasen, Duftseifen herstellen oder im Kloster meditieren und Kräuter pflanzen, ist egal – tun Sie einfach etwas, um Ihr mit Steuerreformen, Wahlkampfbudgets und internen Kämpfen um Listenplätze überquellendes Hirn auszulüften. Darüber hinaus holen Sie sich von diesen anderen Schauplätzen neue Inspiration und Anregungen, mit denen Sie wiederum Ihre politischen Agenden bereichern. Idealerweise werden Sie selbst aktiv und lassen sich nicht nur berieseln. Und: Versuchen Sie Ihre Aktivitäten regelmäßig zu betreiben und in Ihren ganz normalen Alltag einzubauen. 51 Wochen im Jahr das Handy rund um die Uhr im Einsatz zu haben und dann 5 Tage im Som-

mer ein Refugium aufzusuchen, ist zwar besser als nichts, bringt aber bei weitem nicht den Erfolg versprechenden Effekt. Sie nehmen Ihrer Arbeit keine wertvolle Zeit weg – im Gegenteil: Sie schenken der Politik neue Kraft. Sie sorgen für Ihr eigenes, inneres Energie-Reservoir.

Aus der Distanz sehen auch Sie viele Themen und Herausforderungen anders. Die Perspektive hat sich geändert. Und das führt in vielen Fällen schon zu einem großen Schritt nach vorn.

»Dabei gibt es die Gefahr, dass sich die Leute in ihren Netzwerken verstricken, weil sie das, was sie mühsam aufbauen, als die Wirklichkeit erleben. Über den Tellerrand hinauszuschauen und nicht der Versuchung zu erliegen, dauernd Selbstbestätigung in den eigenen Reihen zu suchen, ist wichtig.« Dr. Christoph Kotanko, »Kurier«

»Schlimm ist, wenn Leute über nichts anderes mehr als über Politik reden können.« Anna Lührmann, Bündnis 90 – Die Grünen

• Behalten Sie Ihre Freunde

»Wichtig ist, dass man nicht nur in der Politik verankert ist. Wenn man nicht andere Menschen hat, die einem hin und wieder einen Spiegel hinhalten oder einem mit ganz anderen Themen konfrontieren, dann ist es schwierig.« Caren Marks, SPD

Legen Sie Wert darauf, dass Ihr Freundeskreis nicht nur aus BerufskollegInnen besteht. Bemühen Sie sich, Ihre sozialen Kontakte zur Welt vor dem Einstieg in die Politik nicht zu verlieren. Zum einen geben Ihnen diese Leute, die Sie aus Ihrem früheren Leben kennen, wahrscheinlich ein Feedback von ganz anderer Qualität als jene, mit denen Sie beruflich zu tun haben. Und zum Zweiten verhindern Sie, dass Sie emotional völlig vereinsamen. Ein Schicksal, das viele Spitzenfunktionäre (ebenso wie Top-Manager) oft ereilt. Im gut gemeinten Glauben, sich nicht nur 40, nicht nur 60, nicht nur 80, sondern phasenweise auch 100 Stunden pro Woche für das berufliche Ziel einzusetzen, versäumen viele – wenn dieser Intensiveinsatz zur Dauereinrichtung wird – den Anschluss zu Menschen, die Ihnen nahe stehen. Suchen Sie auch gezielt Leute auf, die ganz andere Probleme kennen als Sie selbst. Damit Sie nie vergessen, den Stellenwert Ihrer Anliegen richtig einzuschätzen.

• Bewahren Sie sich ein Mindestmaß an Unabhängigkeit

»Selbst wenn man aus der Sicht vieler Leute falsch liegt, soll man bei seiner Meinung bleiben.« Philipp Mißfelder, CDU

Wer abhängig ist, kann nicht gut kritisch sein. Und wer nicht kritisch ist, öffnet bestenfalls dem Stillstand, schlechtestenfalls dem Niedergang – dem eigenen oder dem der eigenen Organisation oder Fraktion – Tür und Tor. Wenn Sie nicht kritisch sind, machen Sie Fehler und lassen zu, dass die Organisation, die Sie vertreten oder anführen, ebenfalls Fehler macht, obwohl Sie es vorhergesehen haben.

»Der Parteiapparat wird langsamer als der Wähler begreifen, dass Selbstständigkeit im Denken kein Malus, sondern ein Bonus ist.« Dr. Heribert Prantl, »Süddeutsche Zeitung«

Wenn Sie von Ihrer politischen Position in Ihrem Lebensglück oder in Ihrer Existenz abhängig sind oder abhängig zu sein glauben, dann werden Ihre Eigeninteressen sehr schnell überhand nehmen. Dann werden Sie alles tun, um auf Ihrer Position zu bleiben. Sie werden sich gegen Reformen aller Art wehren, Sie werden sich bei der Fraktionsspitze lieb Kind machen oder Sie werden kritische Anregungen im Keim ersticken. Sie machen sich gleichzeitig leicht erpressbar, weil nicht nur Ihnen klar ist, dass Sie kaum eine Alternative haben als zu allem Ja und – in katholischen Organisationen – auch Amen zu sagen. Ob das Ihnen oder der Partei, der Fraktion oder dem Allgemeinwohl tatsächlich gut tut oder nicht, wird ziemlich sekundär werden.

»Man soll stets eine Alternative haben. Nichts ist schlimmer als abhängig zu sein.« Silvia Fuhrmann, ÖVP

Vor allem für die nächste Generation gilt: Lernen Sie einen Beruf, auf den Sie zurückgreifen können, wenn Sie aus der Politik ausscheiden, bleiben Sie flexibel, auch Aufgaben außerhalb der Politik zu übernehmen. Nur wenn Sie sich immer denken können: »Es wäre schade, aber wenn es sein muss, dann verlasse ich die Politik«, ist Ihre innere Unabhängigkeit im Interesse der gesunden kritischen Distanz sichergestellt.

»Irgendwann merkt man, dass sie nichts anderes gelernt haben.« Dr. Werner Perger, »Die Zeit«

3. Vorbild sein im Umgang mit anderen

»Ich möchte gern ein politisches Vorbild werden.« Mag. Siegfried Nagl,
ÖVP

Jede Führungskraft sollte die Kontakte zu Menschen beispielhaft vorle-
ben. Für PolitikerInnen gilt dies insbesondere, ist es doch der eigentliche
Kern des Berufs, sich in den Dienst für Menschen zu stellen.
Völlig unabhängig davon, auf welcher Ebene der politischen Bühne Sie
tätig sind oder Sie kandidieren wollen: An der Art, wie Sie auf Leute zugehen, merkt jede und jeder, wes Geistes Kind Sie und ob Ihre Vorhaben
echt und ehrlich sind oder nicht.
Unterschätzen Sie nicht, dass Sie in jeder Minute Ihres internen und externen Auftretens unter Beobachtung stehen. Das ist anstrengend. Das ist
in dieser Intensität vielleicht auch unfair. Aber es ist so. Und wenn auch
in Zukunft politische Trends aus den USA in Europa Furore machen,
dann wird diese Rund-um-die-Uhr-Beobachtung sogar noch stärker und
auch Ihre Familie einschließen.

*»Was mich noch immer ein bisschen stört, ist, es kann sehr, sehr schnell-
lebig sein.« Anna Lührmann, Bündnis 90 – Die Grünen*

Wir haben schon im Kapitel »Bevor es losgeht« anhand der allerersten Frage »Mögen Sie Menschen?« grundsätzlich geklärt, ob Sie einen positiven
oder negativen Zugang zum Leben haben. Trotzdem: Selbst wenn Sie intel-
lektuell die Menschheit täglich mehrfach in die Arme schließen und sich für
Arme, Kranke und Hilflose einsetzen – das muss noch lange nicht heißen,
dass Sie auch im Alltag mit anderen vorbildhaft agieren.
Sie können massiv unter Druck stehen und diesen Druck andere spüren
lassen. Das ist nicht sinnvoll, passiert aber häufig. Sie können sich in
falsch verstandener Loyalität zu KollegInnen zu abwertenden Handlungen oder Botschaften hinreißen lassen. Sie können von den Usancen der
Organisation überrollt werden und spielen über kurz oder lang viele
Praktiken mit. Sie können in für Sie unangenehmen Situationen ein
Schutzschild aufbauen, das Sie zwar unverletzlich macht, aber auch Un-
nahbarkeit signalisiert.

• Interesse ausdrücken
Geben Sie jedem Menschen, mit dem Sie es zu tun haben, das Gefühl,
er/sie ist in diesem Moment wichtig. Dieses Wichtignehmen hat gar
nichts damit zu tun, ob Sie die Meinung des/der Betreffenden teilen oder

nicht. Jemandem oder etwas Zeit zu widmen ist an sich der wichtigste Moment, um Interesse zu zeigen.

Sie können es aber auch körpersprachlich zum Ausdruck bringen, indem Sie der Person in die Augen schauen, ihr den Oberkörper zuwenden, die Hände sichtbar halten, sich Notizen machen, auf gleicher Ebene sitzen oder stehen, Nähe zulassen und nicht symbolische Barrieren vor sich aufbauen. Oder Sie artikulieren dieses Interesse verbal: Durch die Betonung, dass es Ihnen wichtig ist, die Position der anderen Seite persönlich kennen zu lernen. Durch aktives Zuhören, wobei Sie hin und wieder das Gesagte aus Ihrer Sicht zusammenfassen oder Fragen stellen.

Am besten, Sie versetzen sich in die Person Ihres Gegenübers hinein und überlegen sich, was nötig ist, um Interesse rüberzubringen. Das sollte Ihnen leicht fallen – es ist wiederum zumeist eine Zeitfrage, diese Vorbereitung durchzuführen.

Ganz im Ernst: Es kostet nicht mehr als 2 Minuten, sich folgende Fragen in Vorbereitung auf ein Gespräch oder einen Auftritt zu stellen:

1. Wozu will ich die Menschen motivieren? Was ist eigentlich das Ziel des Treffens?
2. Welche maximal 3 Botschaften möchte ich lancieren?
3. Was erwartet man von mir?

Und wenn Sie diese 2 Minuten nicht finden können, dann – verzeihen Sie – ist irgendetwas grundsätzlich überdenkenswert in Ihrem persönlichen Tagesablauf.

> »Wichtig ist, dass man das Gespräch mit den Menschen sucht, es darf in der Politik nicht nur um die Vermittlung von Fakten gehen.« Caren Marks, SPD

• Keine abwertenden Bemerkungen machen

Menschen, die nicht Ihrer Meinung sind mit Verachtung zu strafen oder sie lächerlich zu machen, fällt auf Sie zurück. Oder anders gesagt: Vielleicht erbeuten Sie einen kurzfristigen Punktesieg in den Medien und kriegen ein paar Mal von ParteifreundInnen die Schulter geklopft – bei den WählerInnen gelten aber PolitikerInnen, die unreflektiert Gift und Galle auf die Visavis-Seite spucken, als gar nicht staatstragend.

Selbst in den USA wird das Negative Campaigning, das Schmutzkübeln von Konkurrenten, mittlerweile immer skeptischer gesehen.

Sorry, aber es ist, wie es ist: Jemand, der andere verbal mit Füßen tritt, stellt sich selbst kein gutes Zeugnis aus. Respektloses Behandeln ist immer ein Zeichen von eigener Schwäche oder totalitärem Verhalten.

»Das Ziel ist, den Gegner nicht ständig zum Vollidioten zu erklären.
Den Leuten gefällt's ungeheuer, der Partei gefällt's noch nicht.« Dr.
Heribert Prantl, »Süddeutsche Zeitung«

Natürlich ist es einfacher, nach jeder Pressekonferenz die jeweilige Meinung der anderen Seite als letztklassig darzustellen. Doch die Taktik ist nicht nur durchschaubar, sie nützt sich auch ab. Wenn schon nicht aus ethischen Gründen, dann zumindest aus strategischen Überlegungen sollten Sie nach Abwechslung im Kommentieren der gegnerischen Standpunkte trachten. Immer nur Abfälligkeiten sind unglaubwürdig.

»Es ist nicht leicht, aber ich versuche auch dem politischen Gegner auf
die Schulter zu klopfen.« Mag. Siegfried Nagl, ÖVP

Üben Sie sich darin, Ihr Missfallen über andere Positionen, Ihr Unbehagen, Ihre Differenzen auf eine respektvolle und dennoch plakative, mediengerechte Art und Weise darzustellen. Das ist die Zukunft.

»Was neu ist in den letzten Jahren, ist, dass der Wähler die überkomme-
ne politische Rhetorik nicht mehr schätzt: die große Klappe zu haben,
Bierzeltattitüden, auf den Gegner draufhauen.« Dr. Heribert Prantl,
»Süddeutsche Zeitung«

• Proaktive Vorschläge

»Wenn man Veränderung möchte in einer Gesellschaft oder einer
Branche, geht das am allerschlechtesten, wenn man sich nur hinstellt
und protestiert oder reklamiert.« Arndt G. Kirchhoff, BDI-Mittel-
standsausschuss

»Agieren ist besser als reagieren. Als Interessenvertreter tut man sich
leichter, eine Änderung vorzuschlagen als eine vorgeschlagene Änderung
zu beeinflussen.« Sonja Zwazl, Wirtschaftskammer Niederösterreich

Und wenn Sie kritisieren, dann haben Sie doch bitte immer einen eigenen Vorschlag mit dabei. Denn auch in diesem Punkt werden die WählerInnen immer sensibler.
Einer Idee oder einer Maßnahme eine Absage zu erteilen ist das eine. Das ist nicht schwer. Dagegen sein kann man schnell und ohne besondere Qualifikation. Eine machbare Alternative zu entwickeln, das scheidet die Spreu vom Weizen.

Die Psychologen nennen diese Form der Kommunikation »konstruktives Feedback-Geben«. Gemeint ist damit eben, nicht nur Nein sagen, sondern auch ergänzen, wie es vielleicht besser wäre.

Sie erreichen mit dieser Methode mehreres: Es taugt zum einen für eine gute Geschichte. Die Medien bekommen eine neue Idee serviert – das ist mindestens so story-trächtig wie Ihre Ablehnung der gegnerischen Seite. Außerdem vermitteln Sie damit, dass Ihnen die Sache und nicht die Demontage Ihrer politischen Konkurrenz wichtig ist.

> *Ich würde niemals rausgehen, wenn ich nicht den Ansatz einer Alternative habe.« DI Uwe Scheuch, FPÖ*

Was tun, wenn Sie selbst keine gute Idee haben? Das ist schlecht, aber auch nicht hoffnungslos: Dann sagen Sie, dass Sie dieses oder jenes bereits in die Wege geleitet haben, um einen neuen Lösungsansatz zu finden. Die Regel lautet also: Wenn es noch keine Lösung gibt, dann berichten Sie von Aktivitäten, die Sie setzen, um der Lösung näher zu kommen.

> *Man könnte immer sagen, was nicht geht, aber man könnte auch sagen, wie's geht. Wir sollten uns lösen von einem, der nur Ja-Nein-Antworten gibt, und hinwenden zu jemandem, der positiv gestalterisch tätig ist.« Dr. Michael Reusch, Ärztekammer Hamburg*

• Betroffene einbinden

> *Ich kann nicht alle Interessen vertreten, aber ich hör sie mir zumindest an und lass sie in meinen Entscheidungsprozess einfließen.« Mag. Karin Miklautsch, FPÖ*

Das Prinzip der Demokratie ist die Einbindung aller in die Staatsgeschäfte. Und obwohl rational von uns allen akzeptiert und respektiert, handeln wir doch in der Kommunikation sehr oft extrem anti-demokratisch. Überlegen Sie mal, wie oft Entscheidungen an den Betroffenen vorbei gefällt werden. Mindestens genauso oft wahrscheinlich, wie den Betroffenen knapp vor der Entscheidung die Grundlagen dazu zwar mitgeteilt werden, es aber keinerlei Möglichkeit der Meinungsäußerung oder der Änderung der Entscheidung mehr gibt – wenn die Information über die Entscheidung sozusagen zum Alibi, zur Farce verkommt.

Das macht wütend. Und es würde Ihnen an Stelle dieser Betroffenen genauso gehen.

Wenn Sie also vorbildhaft im Umgang mit Menschen wirken oder auch auf diese Weise im Interesse Ihres politischen Ziels punkten wollen, dann integrieren oder involvieren Sie jene in die Diskussionen und Entscheidungen, die mit den Konsequenzen am meisten zu leben haben.

Leben Sie dieses Prinzip im Kleinen, wenn Sie Ihre MitarbeiterInnen führen oder innerhalb Ihrer Gruppe ein Projekt in Angriff nehmen. Aber genauso im Großen, wenn es um die WählerInnen geht.

Keine Angst davor, dass Sie eine Kaskade von Problemen lostreten. Die Probleme kommen viel eher, wenn Sie einsame Entscheidungen treffen. Wenn wir davon ausgehen dürfen, dass Sie an der bestmöglichen Entscheidung im Interesse der Mehrheit der Betroffenen interessiert sind, dann kann es keine schlechte Entscheidung unter Einbindung ebenjener Betroffener geben.

Nicht einmal Ober-Charismatiker Tony Blair kann es sich leisten, in der Abgehobenheit seines Besprechungszimmers, mit Unterstützung seiner Berater, aber am Volk vorbei zu agieren: Seine diesbezügliche Überheblichkeit hätte ihn im Januar 2004 beinahe zu Fall gebracht. Ein volles Jahr hatte er hinter den Kulissen an einer Regelung zur Einführung von Studiengebühren gebastelt und erst zwei Monate vor der entscheidenden Abstimmung im Parlament mit einer Informationskampagne begonnen. Die Briten und ein Großteil seiner eigenen ParteikollegInnen fühlten sich verschaukelt und ausgeschlossen und versagten ihm deshalb – und nicht unbedingt, weil sie Gegner der Gebühren waren – in Scharen die Gefolgschaft. Nur dank eines völlig neuen Dialog-Instrumentes (siehe »Die Stunde der Wahrheit – Einbinden in den Prozess«) sowie massiven persönlichen Einsatzes in den Medien und im internen Lobbying rettete Blair einen hauchdünnen, peinlichen Vorsprung von 5 Stimmen.

• Nicht nach dem Mund reden

»Warum so wenige so agieren? Weil das andere einfacher ist. So können alle schimpfen und keiner übernimmt Verantwortung.« DI Uwe Scheuch, FPÖ

»Politiker auf sicheren Listenplätzen haben das Privileg, Standfestigkeit auch bei Gegenwind bewahren zu können. Die können sich das leisten und sollten das dann auch.« Alexander Graf Lambsdorff, FDP

Sie können nicht immer nur Frohbotschaften verkünden. Niemand kann das und jeder weiß das. Wie glaubwürdig ist es daher, wenn PolitikerInnen fortwährend als wandelnde Weihnachtsmänner das Blaue vom Himmel versprechen?

Leadership bedeutet, Herausforderungen zu erkennen und zur richtigen Zeit bei ihrem Namen zu nennen. Political Leadership bedeutet, auch unangenehme, heikle, komplexe Themen anzusprechen. Niemand hört so etwas gern. Aber jeder ist heilfroh, wenn Sie ihm rechtzeitig die Chance geben, darauf zu reagieren.

Das Problem allein aufzuzeigen reicht aber nicht. Einfach nur zu sagen: »Wir haben ein Problem«, ist zu wenig, weil es Angst macht. Gewöhnen Sie es sich an, das Aufzeigen von Problemen immer und ausschließlich mit einem Ziel und einer Aktivität zur Lösung des Problems anzukündigen.

> »Mainstream ist ein Schimpfwort für mich.« Mag. Siegfried Nagl, ÖVP

Einen eigenen Standpunkt zu vertreten ist ein elementarer Bestandteil Ihres Images. Nachplappern, was viele sagen, ohne davon überzeugt zu sein, schadet Ihrer Glaubwürdigkeit wesentlich mehr als Ihre eigene Meinung zu vertreten.

> »Man muss mutig und stark genug sein und eine höhere Einsicht im Interesse des ›common good‹ auch seiner eigenen Gruppe mitteilen.« Dr. Werner Perger, »Die Zeit«

4. Kritikfähigkeit verstärken

> »Ich habe Schwierigkeiten, wenn bestimmte Umgangsformen im Miteinander verletzt werden. Sowohl innerhalb als auch außerhalb der Partei. Da möchte ich mir aber auch kein dickes Fell wachsen lassen.« Caren Marks, SPD

PolitikerInnen müssen ein dickes Fell haben. Müssen mehr an Attacken aushalten als die meisten anderen Berufe. Und das wird wohl weiterhin so bleiben, auch wenn – hoffentlich – eine deutlich konstruktivere Form des Politikmachens in die Parlamente einziehen sollte. Sie sollten sich daher – zusätzlich zu der Tatsache, dass Sie sowieso zu den eher nervenstarken und ausgeglichenen, selbstbewussten Menschen gehören, die Kritik per se nicht für etwas Schreckliches halten – wie folgt für den kontinuierlichen Umgang mit Kritik wappnen:

• Freiwillig Kritiker-Runden einberufen
Viele PolitikerInnen bewegen sich ausschließlich in den eigenen ideologi-

schen Kreisen. Warum? Weil man weiß, dort geschätzt und bejubelt zu werden. Weil man die eigene Basis nicht vernachlässigen darf. Weil man dort auf weniger Kritik stößt.

Durchaus gute Gründe. Doch es gibt noch bessere, warum es wichtig ist, sich regelmäßig mit Andersdenkenden an einen Tisch zu setzen:

Zum Ersten erfahren Sie so unmittelbar, was das Gegenüber über Sie und Ihre Vorhaben denkt. Können Sie sich vorstellen, dass Sie in einem konstruktiven Diskurs mit solchen Leuten inhaltlich und argumentativ enorm profitieren? Zum Zweiten sind Sie dadurch schon vorgewarnt, welcher Art von Attacken gegen Sie gefahren werden können. Die Vorbereitung auf die nächste interne oder öffentliche Debatte erhält durch solche Zusammenkünfte extremen Aufwind. Und zum Dritten kreieren Sie sich dadurch das Image eines offenen, Gegenmeinungen nicht scheuenden Menschen. Sie schaffen damit einen Beitrag zu Ihrem Profil als übergreifend denkende Politikerin, als moderner Politiker.

»Jeder Politiker sollte die Fähigkeit haben, sich selbst in seiner Unvollkommenheit zu sehen und sich weiterzuentwickeln. Er muss so viel Selbstsicherheit haben, dass er froh ist, wenn er belehrt wird.« Dr. Peter Pelinka, *»News«*

• Nie aufhören zu lernen
Ertappen Sie sich gerade in der Politik nie bei dem Gedanken: Ich bin eh schon so gut. Ich kann das. Ich muss nie wieder an mir arbeiten.

Quatsch.

Stark und professionell ist der/die, der/die bis ins hohe Alter Seminare und Kurse besucht, Sachbücher liest und im kritischen Diskurs mit Menschen versucht, laufend die eigene Persönlichkeit weiterzuentwickeln. Vergessen Sie nicht: Ihr Produkt sind im Wesentlichen Sie selbst als Persönlichkeit. Und so wie die Welt und die Rahmenbedingungen für Ihre Politik sich laufend verändern, genauso haben Sie die simple Notwendigkeit, auch an sich selbst immer wieder das eine oder andere Rädchen neu einzustellen oder nachzujustieren.

PolitikerInnen stöhnen meistens bei solchen Vorschlägen, denn es ist doch für nichts Zeit und schon gar nicht für so etwas. Gehen Sie bitte davon aus, dass eine regelmäßige Investition in Ihre Persönlichkeitsentwicklung der Qualität Ihrer Politik direkt zugute kommt. Damit werden sowohl Ihre Organisation, Partei, Bewegung als auch Ihre WählerInnen Freude haben.

»Wenn man sich einmal diesen offenen Ruf erworben hat, dann funk-

tioniert viel, dann funktioniert auch viel abseits des Offiziellen, im privaten Gespräch.« Sonja Zwazl, Wirtschaftskammer Niederösterreich

• Reflektieren Sie regelmäßig
Vor allem Jung-PolitikerInnen ersuchen Freunde und Familie sogar, eine Art Spiegel abzugeben und ihnen laufend und von selbst zu sagen, ob und wenn ja, wie sie sich in der neuen politischen Laufbahn verändern. Das ist eine gute und leicht nachahmbare Idee.
Eine andere ist, mit der professionellen Hilfe eines Coachs immer wieder Ihre Denkweisen und Handlungen zu hinterfragen, Ziele kritisch zu durchleuchten und Motivationen zu überprüfen.
In einem Beruf, der einen so extrem dem Rampenlicht preisgibt, sind Sie stark gefährdet. Das Risiko, dass Sie den Boden unter den Füßen verlieren, ist groß.
Die Chance, dass Sie Enttäuschungen, die Sie sicher erleben werden, durch illegitime Streicheleinheiten, durch das Pflegen Ihrer Eitelkeit zu kompensieren versuchen, ist dadurch ebenfalls groß.
Vor allem zu Beginn Ihrer politischen Karriere und vor besonderen Anlässen – außerordentliche Projekte oder Wahlkämpfe – nutzen Sie alle Möglichkeiten, die Sie dabei unterstützen, Schwierigkeiten abzufedern und alle Herausforderungen und Anreize zu verarbeiten.

»Politik ist extrem persönlichkeitsdeformierend. Es gibt viele subtile Mechanismen: Die Eitelkeit, um jeden Preis in der Zeitung stehen zu wollen. Das ›Machtgefühl‹, dass man in einer Sitzung seine Position durchgebracht hat. Deshalb braucht es gut funktionierende Feedback-Mechanismen und Coaching. Damit man im täglichen Kampf gegen die Strukturen nicht zum Zombie wird.« Marie Ringler, Die Grünen

5. Den Fokus halten

Sich zu verzetteln ist wahrlich nicht kompliziert, wenn man als PolitikerIn in einem Wust von Alltagsthemen, von Aktionen und Reaktionen, zwischen Freund und Feind versinkt.
In einem anderen Beruf gibt es oft klarere Strukturen, an denen man sich orientieren kann. In einem anderen Beruf gibt es vielfach eindeutige Zielvereinbarungen, die zur Basis jeglichen professionellen Handelns werden. In einem anderen Beruf gibt es häufig Personalentwicklung und Führung in Form des Managements, das einem die Prioritäten vorgibt.
All das gibt es in der Politik nicht oder nur in fragmentarischen Ansätzen.

Kein Wunder, wenn allein systembedingt viele PolitikerInnen unter der Vielfalt und Unzahl an Aktivitäten zusammenbrechen. Auch von daher also völlig logisch, dass wir von so wenigen wissen, wofür sie eigentlich stehen und was ihre Arbeit für uns WählerInnen konkret bedeuten und bringen soll.

• Zielorientierung an den Tag legen
Natürlich kommen immer wieder unvorhergesehene Dinge auf Sie zu. In der Politik mehr als anderswo. Na klar. Dennoch: Sie brauchen eine strikte Planung Ihrer Aktivitäten. Ohne ein Mindestmaß an Organisation, an Prioritätensetzung und an Zielorientierung werden Sie wohl zerrissen und aufgerieben werden. Und am Ende Ihrer Legislaturperiode, wie lange auch immer die dauern möge, mit hängender Zunge aufgelöst und erschöpft in den Seilen hängen.
Ich wiederhole mich: Gewöhnen Sie sich daher an, bei jedem Projekt, bei jeder strategischen oder politischen Entscheidung, bei jeder Sitzung die Frage aller Fragen zu stellen: Was ist das Ziel? Was möchte ich erreichen? Oder noch besser: Wozu will ich die Menschen motivieren und inspirieren?

• Nein sagen lernen

»Man muss konsequent nein sagen können.« Arndt G. Kirchhoff, BDI-Mittelstandsausschuss

Sie können nicht allen Herren dienen. Punktum. Sie müssen sich auf einen roten Faden, der Ihr Denken, Handeln und Reden bestimmt, festlegen. Sonst passiert nämlich gar nichts.
Der gut gemeinte Versuch, niemanden vor den Kopf zu stoßen, indem man jedem das Gefühl gibt, etwas für ihn zu tun, ist von vornherein zum Scheitern verurteilt.
Wir alle haben das tiefe Bedürfnis, niemanden zu enttäuschen. PolitikerInnen haben das – nicht zuletzt im Interesse des nächsten Wahlergebnisses – ganz besonders.
Für die meisten Menschen ist es weitaus enttäuschender, geweckte Erwartungen nicht erfüllt als gleich reinen Wein eingeschenkt zu bekommen, wie die Dinge oder Sie dazu stehen. Vielleicht können Sie es so sehen: Jemandem rechtzeitig Nein zu sagen, ermöglicht zumindest theoretisch, sich auch rechtzeitig um eine Lösung kümmern zu können. Je länger Sie Ihr Nein zu einer Unterstützung welcher Art auch immer hinauszögern, desto schlimmer wird meistens die Situation und desto schwieri-

ger wird es dann auch selbst für Sie, das Boot wieder ins Trockene zu bringen.

> *»Mehr Ehrlichkeit. Mehr Mut zu unbequemen Botschaften. Wegkommen vom Sugar-Coating, jede bittere Pille süß zu verpacken. Wenn man die schluckt und denkt, die ist schön bunt und süß, ist man umso mehr enttäuscht, wenn der wahre Geschmack erkannt wird. Ich bin Mitglied im Verein zur Förderung der klaren Aussprache.« Alexander Graf Lambsdorff, FDP*

Respekt und Wertschätzung im Leben wie auch im politischen Umfeld können Sie nur dann erwarten, wenn Sie umgekehrt auch Respekt zeigen. Verkaufen Sie also Menschen, die sich mit Anliegen an Sie richten, nicht für dumm und glauben Sie bitte nicht, sie mit billigen Versprechen hinhalten zu können. Was ist stattdessen zu tun?
Tun Sie alles, um Ihrem Gegenüber klar zu machen, weshalb Sie Nein sagen. Versetzen Sie sich in die Lage der anderen. Drücken Sie Ihr Verständnis für die Position der anderen aus, machen Sie nachvollziehbar, was der Grund Ihrer abschlägigen Entscheidung ist. Vielleicht gibt es ein anderes Projekt, wo Sie zusammenkommen können. Im Mindesten könnten Sie einen regelmäßigen Gedankenaustausch anbieten. Auch und vor allem, wenn Menschen vor Ihnen stehen, die Sie normalerweise nicht zu Ihrer Klientel zählen. Und je mehr Sie Ihre Motivation mit dem Wohl einer Mehrheit und nicht mit Eigen- oder Partei-Interessen begründen können, desto akzeptabler und weniger angreifbar wird Ihre Ablehnung obendrein.
Leichter gesagt als getan? Ihre Scheu ist verständlich – immerhin gilt der Überbringer schlechter Nachrichten oft als Übel per se. Aber überlegen Sie mal, wie sehr Sie sich allein durch einen solch respektvollen Zugang von vielen anderen auf der politischen Bühne unterscheiden könnten.

• Ämter nicht kumulieren

> *»Ich finde, man muss sich irgendwann einmal fragen: Wann bin ich nur mehr scharf auf den Titel und wann geht's mir um die Sache? Und ich würde sogar die Behauptung wagen, das ist vermehrt eine Frage für Männer.« Bianca Gruner, DaimlerChrysler*

Hand aufs Herz: Wer fühlt sich nicht geschmeichelt, immer wieder Funktionen, Ämter oder Verantwortlichkeiten angeboten zu bekommen? Ist es doch im Mindesten ein Ausdruck Ihrer Wichtigkeit oder der Bedeutung der Position, die Sie gerade bekleiden.

Allerdings: Je mehr Ämter – in Österreich sagt man »G'schaftln« – Sie vereinen, desto weniger können Sie sich um jedes einzelne kümmern. Auf je mehr Stühlen Sie sitzen, desto weniger Sitzfleisch bleibt für jeden einzelnen übrig. Dass unter einer solchen Zersplitterung Ihrer Aufmerksamkeit letztlich alle Ihnen übertragenen oder von Ihnen ausgeübten Aufgaben leiden, liegt auf der Hand.

Die Qualität Ihrer Beiträge sinkt, muss sinken, auch Ihr Tag hat nur 24 Stunden. Was übrig bleibt, ist die für Sie unschöne Optik des machtgeilen Ämter-Kumulierers, der Sesselkleberin, der Masse vor Klasse geht.

Haben Sie das nötig? Haben Ihre Kernaufgaben verdient, Ihre Aufmerksamkeit nur so eingeschränkt zu genießen? Können Sie mit Ihrer Freizeit sonst nichts anfangen?

»Irgendwann einmal können Sie sich in jeden Ausschuss reinwählen lassen. Aber über einen gewissen Punkt hinaus sind es nicht die primären Motivationen, die hier zum Tragen kommen.« Dr. Michael Reusch, Ärztekammer Hamburg

6. Bleiben Sie auf dem Laufenden

»Das Geheimnis ist, die Fülle an Information zu sortieren und zu werten.« Caren Marks, SPD

Informationsmanagement für sich selbst

Wie kommen Sie zu den für Sie relevanten Informationen?

Indem Sie möglichst zu Beginn Ihrer Karriere möglichst rasch und klar definieren, wo Sie am Ball bleiben wollen, wo Ihnen Basiswissen fehlt, das Sie sich umgehend aneignen müssen, und wo Sie auch mit sporadischen, um nicht zu sagen zufälligen Informationen das Auslangen finden. Wenn Sie das mal definiert haben, wird Ihr Leben um einiges leichter sein. Denn dann gilt es nur mehr zu bestimmen, wie Sie an die jeweiligen Informationen herankommen.

Was Sie unbedingt bei sich halten sollten, sind:

- die wichtigeren Beiträge über Sie und Ihre Konkurrenten in den Medien, um zu wissen, wie Sie dargestellt werden, und um zu lernen,
- persönliche Kontakte zu Meinungsmultiplikatoren,
- persönliche Kontakte zu den WählerInnen (siehe »Faktor 8: Die WählerInnen«),
- Meinungsaustausch mit Ihren MitarbeiterInnen (siehe »Faktor 6: Das Team«).

• Inputs von völlig anderen politik-freien Sparten oder Menschen.

Delegieren

Und dann bleibt immer noch die Mehrheit an Informationen, deren Beschaffung Sie einfach aus organisatorischen Gründen delegieren müssen:

• Regelmäßige Recherchen von internationalen Muster-Beispielen in Ihrem Bereich
Auf diese Weise sammeln Sie Vorzeige-Modelle. Das dient nicht nur der Veranschaulichung von neuen Möglichkeiten, der zusätzlichen Anregung von Ideen, es lässt sich auch medial hervorragend verwerten.

• Konkurrenz-Beobachtung
Rechtzeitig die Schachzüge der politischen Kontrahenten zu erkennen und darauf konstruktiv zu antworten ist das Ziel, wenn Sie veranlassen, die anderen politischen Gruppierungen Ihres Segments/Ihrer Region analysieren zu lassen. Diese Beobachung betrifft die Aussagen und Aktivitäten Ihrer Opponenten sowie deren eventuelle mediale Verwertung.

• Think-Tanks im Auge behalten
Was kluge Leute oder innovative Organisationen zu den großen Problemen der Welt bzw. Ihres Bereichs sagen oder herausarbeiten, sollte in Ihre Überlegungen einfließen. Den Finger am Puls der Gegenwart zu haben ist eine Qualität, die Sie sich relativ leicht beschaffen können.
Think-Tanks gibt es in Deutschland wie in Österreich noch relativ selten – das Verständnis für und die Nachfrage nach externen Quer- und Vordenkern ist außerhalb des angloamerikanischen Raums noch unterentwickelt. Vielleicht wollen Sie hier aktiv werden und professioneller strategischer Beratung von außen zu einer höheren Akzeptanz verhelfen?

Sich abschminken, alles wissen zu können

Idealismus hin, Idealismus her – eines müssen Sie rasch in den Griff kriegen: Dass Sie sich vornehmen, alles bis ins letzte Detail zu wissen.

> »Die meisten Neuen gehen rein und sind irrsinnig engagiert. Die wollen alle keine Abgeordneten sein, die Gesetze beschließen, die sie nicht kennen«. Mag. Armin Wolf, ORF

Ja, natürlich ist es furchtbar, wenn man abstimmt, ohne genau zu wissen, worum es geht. Und wer Michael Moores »Fahrenheit 9/11« gesehen hat, wo er drastisch aufzeigt, dass keiner der US-Abgeordneten den Patriot Act gelesen hat, weiß, das ist kein deutsch-österreichisches Problem. Die

Flut von Gesetzen und deren Umfang ist ein internationales Problem. Es ist wahrscheinlich realistischer, eine Reduktion des jährlichen Ausstoßes an neuen Gesetzen und Verordnungen durchzukriegen, als alles, wozu Sie Ihre Stimme abgeben, selbst durchgeschmökert und vollinhaltlich verstanden zu haben.

Es liegt an Ihnen, zu organisieren, dass Fachleute die relevanten Passagen für Sie prüfen und analysieren und Ihnen nur mehr das Ergebnis dieser Analyse vermitteln.

»Insgesamt ist das Hauptproblem in der Politik, dass die Entscheidungen immer komplexer werden, sodass es auch für Fachabteilungen schwer ist, den Überblick zu bewahren.« Kordula Schulz-Asche, Bündnis 90 – Die Grünen

Das Team –
Wer arbeitet für mich?

Eigentlich sollten alle Ihre MitarbeiterInnen dieselben Basis-Eigenschaften mitbringen wie Sie selbst: Leidenschaft und Engagement, Flexibilität und eine überdurchschnittliche soziale Kompetenz und Kommunikationsfähigkeit.

Einzig die Anforderung, politische Inhalte zu definieren und zu gestalten, muss auf die Mitglieder Ihres Teams nicht zutreffen.

Ansonsten sind diese Damen und Herren – wie alle MitarbeiterInnen in allen Branchen – Ihre Botschafter und Ihre zusätzlichen Visitkarten nach außen. Verhaltensweisen Ihres Büros, die nicht mit Ihren Zielen oder Aussagen übereinstimmen, sind problematisch. Und im Zweifelsfall wird man Ihnen als Führungskraft die Verantwortung für ein eventuelles Auseinanderklaffen zwischen dem, was Sie nach außen postulieren, und dem, was sich in Ihren eigenen vier Berufswänden abspielt, geben.

Die Qualität und das Wirken Ihrer MitarbeiterInnen hängen also in ihrem Erfolg unmittelbar mit Ihrer Persönlichkeit und Ihren politischen Ideen zusammen. Wenn Sie Schlankheit in der Regierung fordern, selbst aber über ein aufgeblähtes Büro verfügen, das sich primär um die Verwaltung Ihrer 27 Nebentätigkeiten kümmern muss, dann haben Sie ein Problem. Wenn Sie den politischen Gegner ob seiner Untergriffe und unmenschlichen Forderungen am Arbeitsmarkt betonieren, gleichzeitig aber aufgrund Ihrer eigenen Unbeherrschtheit einmal im Jahr alle MitarbeiterInnen verlieren, dann bricht Ihre Glaubwürdigkeit ein.

Grundsätzlich gilt: Je stärker Ihre MitarbeiterInnen, desto stärker sind Sie. Nur schwache Persönlichkeiten trachten danach, sich mit schwachen Menschen zu umgeben, auf dass sie ihre angebliche Überlegenheit täglich demonstrieren können. Haben Sie also ein Interesse an einer Crew, um die man Sie beneidet. Eine solche Crew kommt allerdings nicht von ungefähr, sondern muss geplant und eingehalten werden.

1. Die Auswahl

Sie sollten auf folgende fünf Punkte achten, wenn Sie Ihr Team zusammenstellen oder beurteilen:

Haben Sie jemanden im Team, der/die sich auskennt?
Gerade wenn Sie neu dabei sind und selbst erst die unterschiedlichsten Spielregeln erkennen, durchschauen, lernen müssen, sollten Sie zumindest eine Person in Ihrem Team haben, die »den Laden« kennt. Jemand, der Einblick in die Abläufe hat, der erzählen kann, was sich organisatorisch bewährt hat und was nicht, der bereits selbst über Kontakte und Informationsquellen im Haus verfügt.
Wenn alle neu sind – nicht nur Sie selbst, sondern auch sämtliche in Ihrer Mannschaft –, dann steigt das Risiko, bei nächstbester Gelegenheit am glatten Parkett auszurutschen, signifikant.

Sind die MitarbeiterInnen in der Lage, Ihre Werte glaubwürdig zu vermitteln?
Wenn Ihnen Transparenz und Offenheit wichtig sind, dann brauchen Sie auch MitarbeiterInnen, die das nicht nur gut finden (das tut man ja schnell), sondern auch imstande sind, diese Werte weitgehend zu leben.
Wenn Sie von Ihrem Team selbstständiges Denken erwarten, dann dürfen Sie sich nicht MitarbeiterInnen aussuchen, die meinen, man solle Autoritäten nicht in Frage stellen.

»Jeder Mitarbeiter ist eine persönliche Visitenkarte von der Organisation, der ich vorstehe, und letztendlich auch von mir persönlich.« Silvia Fuhrmann, ÖVP

Sind die MitarbeiterInnen emotional belastbar?
Natürlich ist es Aufgabe der Führungskraft – also von Ihnen –, in Zeiten seelischer Downs die Crew wieder aufzurichten und gute Stimmung zu verbreiten. Doch erleichtern Sie sich Ihr Leben dramatisch, wenn dieses Aufpäppeln nach schwierigen Phasen nicht ausschließlich an Ihnen hängen bleibt. Suchen Sie sich daher MitarbeiterInnen, die dank ihrer Persönlichkeit ebenfalls gute Motivatoren sind.
Fragen Sie in Interviews die BewerberInnen, wie sie in unterschiedlichen Stress-Situationen reagiert haben oder reagieren würden. Daraus können Sie in einem hohen Ausmaß ableiten, was passiert, wenn Sie oder Ihre politische Agenda ins Trudeln gerät.

Haben Sie eine gute Mischung zwischen Männern und Frauen im Team?

Auch keine Neuigkeit mehr: Männlein und Weiblein denken unterschiedlich, haben einen anderen Zugang zu vielen Dingen des Lebens. Kreativ-Prozesse, bei denen beide Geschlechter involviert sind, ergeben deutlich höhere Ergebnisse als jede reingeschlechtliche Gruppe. Sie repräsentieren als politischer Mensch Männer und Frauen, eine der beiden Zielgruppen aus Ihrem Team draußen zu haben reduziert auch vor diesem Hintergrund Ihre Effektivität.

Ist jemand kompetent in Sachen Presse & PR?

Wie klein auch immer Ihr Team sein möge – Sie brauchen jemanden, der sich mit Öffentlichkeitsarbeit auskennt. Der ein Grundwissen hat, wie man mit JournalistInnen umgeht, wie man Veranstaltungen organisiert, wie man auf E-Mail-Anfragen reagiert und was auf Wahlbroschüren sicher schon und sicher nicht draufzustehen hat.

Natürlich werden Sie gut beraten sein, sich vor großen Initiativen oder Wahlkämpfen Spezialisten ins Haus zu holen. Aber für das tägliche Geschäft sollen Sie das gute Gefühl haben, von PR-kundigen Menschen umgeben zu sein.

2. Ihre Führung

»Ich bin nicht der Peitschenknaller. Mir geht's darum, dass jeder seine Aufgabe hat, mit der er sich identifizieren kann.« Mag. Karin Miklautsch, FPÖ

Die häufigsten Fehler, die Führungskräfte generell machen, sind Mängel und Defizite in der Inspiration, in der Information, bei der Entscheidungsfindung und in der Konfliktlösung. Nicht immer liegt es nur daran, dass LeiterInnen von Organisationseinheiten das nötige Know-how nicht haben – häufig sind es schlicht und einfach persönliche Schwächen, die zu gravierenden Störungen und Schädigungen im beruflichen Miteinander führen. In der Standes-, Interessen- und Parteipolitik, wo so vieles auf Sie als Frontman oder -woman aufgebaut ist, haben derartige Führungsschwächen noch weit größere Auswirkungen, als wenn ein autistischer Geschäftsführer einer Porzellanproduktion mit seinen MitarbeiterInnen nur per E-Mail oder schriftlicher Anweisung verkehrt.

Die Führung von MitarbeiterInnen ist dasselbe wie die Lenkung der

Staatsgeschäfte, nur in einem Mikro-Mikro-Kosmos. Sie müssen auch hier – wenn Sie auf ein engagiertes Team vertrauen wollen – als Mensch überzeugen. Sie müssen wissen, wie Sie selbst ticken, um zu verstehen, wie und warum andere anders ticken. Sie müssen wissen, wohin Sie wollen, und diese Vorstellung inspirierend kommunizieren können. Sie müssen die Rahmenbedingungen zur Erfüllung dieser Vision herstellen können und die Grundbegriffe der Motivation intus haben. Sie müssen daran interessiert sein, dass neben Ihnen neue Führungspersönlichkeiten heranwachsen. Sie müssen Ihre ersten 100 Tage gut organisieren. Sie müssen Vorbild sein.

»Ein Politiker muss selbst immer noch mehr bringen als der, der am meisten für ihn arbeitet.« Philipp Mißfelder, CDU

Machen Sie am ersten Tag klar, was Ihnen wichtig ist

So wenige tun es, dabei wäre es so wichtig: Die kleine Ansprache vor dem versammelten Team. Hier legen Sie unmissverständlich und ohne das Risiko durch ein Stille-Post-System fehlinterpretiert zu werden, einmal für alle klar, was für Sie politischer Erfolg bedeutet, wie Sie Ihre Rolle im Team sehen, welche Verhaltensweisen Sie sicher nicht haben wollen, worüber Sie sich hingegen besonders freuen und an welchen Punkten Sie die Leistung Ihres Teams messen.

Führen Sie Einzelgespräche, um jeden Einzelnen besser kennen zu lernen

Klären Sie unter vier Augen persönliche Befindlichkeiten zu einzelnen Themen, KollegInnen oder Projekten. Versuchen Sie herauszufinden, wer welchen Beitrag zum gemeinsamen Erfolg am liebsten leisten möchte, wer für welche Aufgabe am besten geeignet wäre. Stecken Sie ab, welche Ziele Ihre MitarbeiterInnen kurz- und welche sie mittelfristig verfolgen und wie Sie als Führungskraft dazu beitragen können, dass sie sie auch erreichen.
Aufgaben, die von niemandem gern übernommen werden, müssen in der Runde gemeinsam aufgeteilt werden.

Machen Sie regelmäßige Jour fixe

Der Mensch braucht ein Mindestmaß an Ordnung und Orientierung. Das gilt allgemein, aber umso mehr in einem so schnelllebigen und so öffentlichkeitsintensiven Gewerbe wie der Politik.
Warten Sie daher nicht darauf, dass Ihnen mal Zeit »übrig bleibt« und Sie sich mit Ihrem Team zwecks Besprechung interner Abläufe oder externer

Projekte auf eine Stunde zurückziehen können. Das wird es vermutlich nicht spielen.

Nehmen Sie die Zügel stattdessen in die Hand und sehen Sie von vornherein interne Besprechungen zu fixen Terminen und Uhrzeiten vor. Viele praktizieren diese Jour fixe in Form von täglichen Morgen-Meetings, wo besprochen wird, wie jeder seinen Tag plant, welche Dinge anstehen und worauf man sich kurz- oder langfristig einstellen muss.

Endziel jedes solchen Jour fixe ist natürlich eine Art Checklist, bei der festgehalten wird, wer bis wann was tun soll.

Des Weiteren sind Sie gut beraten, einmal im Jahr einen internen Workshop durchzuführen, bei dem Sie unter Anleitung eines externen Moderators einerseits Verbesserungen in der internen Organisation und Kommunikation diskutieren und andererseits neuen Themen oder Aufgaben ausreichend Platz zur Besprechung und Reflexion bieten.

Greifen Sie Störungen sofort auf

Kommt es zu einem Konflikt, dann sorgen Sie dafür, diesen möglichst rasch aufzulösen. Orten Sie vergiftete Luft im Team, sehen Sie nicht darüber hinweg, sondern thematisieren Sie es und fordern auf, die Wurzel des Problems aus der Welt zu schaffen.

Ihre Crew muss wissen, dass aus Ihrer Sicht Konflikte etwas Gutes sind, denn sie bringen Störfaktoren ans Tageslicht und tragen permanent zur Verbesserung und Weiterentwicklung bei. Dennoch: Konflikte können ihr positives Potenzial nur dann zur Geltung bringen, wenn sie aufgegriffen und – bevor noch die negative Energie Ihr ganzes Büro umhüllt – konstruktiv bereinigt werden. Vor sich hindämmernde, wie Eiterbeulen schwelende interne Probleme behindern vor allem kleine Teams massivst.

> *»Ich stehe dazu: Wenn dir was nicht passt, dann sag mir das ins Gesicht. Manchmal tut's weh, aber jeder soll wissen, was man sich denkt.« Margarete Bürger, Österreichische Volkshilfe*

Machen Sie Zwischenbilanzen

Die Evaluierung, die Bewertung der eigenen Tätigkeiten, ist im politischen Umfeld noch nicht wirklich ein ständig praktiziertes Führungsinstrument. Sie tun aber Gutes, dies in Ihrem Umfeld einzuführen.

Formulieren Sie von Projekt zu Projekt konkrete Ziele bzw. Kriterien des Erfolgs, die dann regelmäßig gecheckt werden. Vergessen Sie nicht: Ohne Definition von Zielen ist keine Evaluierung möglich. Es hängt immer davon ab, was ich erreichen wollte, um zu beurteilen, ob mir das auch gelungen ist.

Sehr vorteilhaft ist es, innerhalb der ersten 100 Tage einmal monatlich einen solchen Zwischencheck durchzuführen – immerhin muss sich ja auch erst alles einspielen. Missverständnisse oder Fehler sollten gar nicht die Chance kriegen, Platz zu greifen.

Geben Sie Feedback

Ihre Zeit wird als Neo-PolitikerIn extrem knapp bemessen sein. Um wen Sie sich aller kümmern müssen: WählerInnen, JournalistInnen, Parteifreunde, Opposition! Und wenn Sie nicht gezielt gegensteuern, bleiben sehr rasch Ihre eigenen Bedürfnisse auf der Strecke und Sie können mit Recht klagen: Wer kümmert sich eigentlich um mich!?

So gesehen ist es begreifbar, wenn Sie phasenweise nicht auch noch die Kraft und Energie haben, sich detailliert mit Ihren MitarbeiterInnen auseinander zu setzen. Da geht es Ihnen nicht viel anders als vielen Damen und Herren in leitenden Positionen in anderen Sparten der Gesellschaft. Doch es bleibt, was es ist: Ihre MitarbeiterInnen sind eine Gruppe von Menschen, deren Leistung und Wohlbefinden direkt mit Ihrem Erfolg in Zusammenhang steht. Ihre MitarbeiterInnen sollten also die letzte Gruppe sein, auf die Sie sich zu kümmern vergessen.

Abgesehen von den anfänglichen Zwischenbilanzen, die den generellen Kurs anbelangen und die die allgemeine Zusammenarbeit auf Schiene bringen sollen, fühlen Sie sich bitte dafür verantwortlich, Ihrem Team in guten wie in weniger guten Tagen Feedback zu geben.

Beachten Sie dabei vor allem:
• Nicht nur kritisieren, sondern auch aktiv loben.
• Kritik eher unter vier Augen, Lob tendenziell vor allen anderen.
• Rasch Feedback geben – Lob wie Kritik, die tagelang nach dem eigentlich Anlass geäußert wird, bringt entweder nicht mehr den gewünschten Motivationseffekt (Wer schnell gibt, gibt doppelt!) oder führt zu Unklarheiten und Missverständnissen, weil die kritisierten Zustände schon zu lang zurückliegen.
• Primär betonen, wie Sie sich das Ergebnis einer Arbeit vorgestellt haben und weniger, wie Sie sich es nicht vorgestellt haben. Negativ-Ziele sind unpräzis und öffnen Mehrfach-Interpretationen über Ihre eigentlichen Vorstellungen Tür und Tor.
• Auch wenn Sie im Stress sind und ein Ventil suchen: Ihre MitarbeiterInnen sollten keines sein. Vermeiden Sie süffisante Untertöne und Schrei-Duelle.
• Klären Sie, was Sie von sich aus dazu beitragen können, damit es das nächste Mal besser bzw. Ihren Wünschen gemäß klappt. Auf diese Wei-

se nehmen Sie Ihre Verantwortung als Führungskraft am besten wahr – gehören doch immer zwei dazu, wenn bei einer Kooperation etwas in die Hose gegangen ist.

• Feiern Sie immer wieder zwischendurch kleine Erfolge – denn die gibt es viel öfter als die finalen großen Triumphe. Es muss nicht lang und es muss nicht aufwändig sein. Doch es lohnt sich, selbst gewählte, emotional positiv gestimmte Pausen zum Durchatmen einzulegen.

Und: Haben Sie auch die Größe und Stärke, sich auch von Ihren MitarbeiterInnen Feedback geben zu lassen. Es ist noch keine Führungskraft vom Himmel gefallen. Ihre Professionalität auch diesbezüglich wird wesentlich schneller zum gewünschten Ergebnis führen, wenn Sie sich mit entsprechenden Rückmeldungen helfen lassen.

Unterstützen Sie Leadership

Mal für eine Standes-/Interessenpolitikerin oder einen Parteipolitiker gearbeitet zu haben ist für jeden, der sich in diesem Umfeld entwickeln will, ein wichtiger Punkt im Lebenslauf. Für Sie tätig zu werden ist anfänglich also auf jeden Fall attraktiv.

Was sich aber wie Lauffeuer herumsprechen wird, ist, wie Sie Ihre MitarbeiterInnen behandeln. Und ob Sie sie fördern.

In der Privatwirtschaft ist das schon seit einiger Zeit abzusehen: Nicht mehr allein die Entlohnung und die Art der Tätigkeit, sondern vor allem die Frage »Werde ich dort in meiner Entwicklung, in meiner Karriere unterstützt?« entscheidet von Seiten der BewerberInnen, ob sie sich überhaupt näher für einen Job interessieren.

Ein wichtiges Detail ist es, Ihre Entscheidungen entweder mit Ihrem Team zu treffen oder das Team über die Hintergründe Ihrer Entscheidungen zu informieren. Wer weiß, warum Sie was wo wie wann und mit wem tun, lernt auf diese Art bestens – Training on the Job –, was strategisches Denken und Handeln bedeutet.

Erkennen Sie die unterschiedlichen Voraussetzungen bei Ihren MitarbeiterInnen und unterstützen Sie sie individuell. Geben Sie all jenen eine Chance, die mehr und mehr Herausforderungen annehmen können. Sind Sie nicht Verhinderer, sondern Mentor einer zukünftigen politischen Laufbahn – auch wenn es bedeuten kann, dass Sie den einen oder die andere aus Ihrem Büro verlieren werden. Auf diese Weise sorgen Sie für neue, frische, starke Persönlichkeiten in der politischen Welt.

3. Die Betreuung durch Externe

Zu besonderen Anlässen werden Sie auf die Unterstützung externer Personen zurückgreifen wollen und müssen.

Wenn Sie beginnen
Die meisten Coaching-Anfragen kommen von Standes-, Interessen- und ParteipolitikerInnen, wenn sie in neue Funktionen kommen.
Im Vordergrund steht dabei zumeist einerseits das Bedürfnis, gezielt für die ersten 100 Tage betreut zu werden, andererseits die Notwendigkeit, raschest den Umgang mit Medien zu erlernen. Ist das Erste mehr eine klassische Begleitung, in der Reflexion und Beratung sich abwechseln, ist Zweiteres mehr eine Trainingssituation, wo Sie mit Rollenspielen und Video-Analyse lernen, professioneller mit JournalistInnen zu kommunizieren.
Auch wenn Sie Ihre MitarbeiterInnen anhalten, offen und transparent Feedback zu geben, konstruktiv kritisch zu sein und proaktiv mitzudenken: Rechnen Sie nicht immer damit – weder zu Beginn Ihrer Tätigkeit noch später, denn nicht jeder kann das. Vor allem wird es problematisch, wenn es um Grundsätzliches oder Persönliches geht. Um Ihre eigenen Handlungsweisen zu reflektieren, wenden Sie sich an einen Coach, der dafür bezahlt wird, Ihnen zu sagen, wo Sie gut sind und wo nicht. Verlangen Sie diese Art von intensiver persönlicher Rückmeldung nicht automatisch von Ihrem Team: Es erfordert nicht nur viel Mut, sondern ein Mindestmaß an psychologischer Ausbildung und an Leadership-Know-how, um persönliche Kritik so anzubringen, dass Sie es auch nehmen können.

Wenn Sie eine Spezial-Expertise benötigen
Ihr Team ist wahrscheinlich eine tolle Gruppe von Allroundern, die besonders aufgeschlossen für alle Themen der Öffentlichkeitsarbeit sind.
Doch wenn Know-how wie Markt- und Meinungsforschung oder klassische Werbung gefordert ist oder Sie Fachwissen aus einer bestimmten Berufsgruppe benötigen, dann werden Sie sich auf dem Markt umschauen müssen.

Wenn Sie Manpower brauchen
Manche Projekte brauchen mehr Leute, als Ihnen herkömmlicherweise zur Verfügung stehen – allen voran Veranstaltungen. Hier arbeiten die meisten mit freiwilligen Hilfskräften, die sich aus Jugend- und Studentenorganisationen oder sonstigen nahe stehenden Institutionen rekrutieren.

Wenn Sie ein unbefangenes Urteil wollen

Um Positionen zu hinterfragen, um neue Trends recherchieren oder um alternative Zukunftsszenarien entwickeln und bewerten zu lassen, engagieren Sie am besten Querdenker von außen, die Think-Tank-artig Advocatus Diaboli spielen und wertneutrale Empfehlungen ableiten.

In Frage kommen dafür Berater, die über Expertise in der Strategie-Entwicklung, im politischen Umfeld, in der Kommunikation und in Leadership verfügen. Wohl ist es in deutschsprachigen Landen noch wenig üblich, sich außerhalb des Wahlkampfs externe politische Denkarbeit einzukaufen – so viele PolitikerInnen sehen sich selbst nach wie vor als die einzig ernst zu nehmenden Oberstrategen. Doch wer professionell sein will, tut gut daran, sich dem Rat neutraler Fachleute nicht zu verschließen, deren Zugang wohl immer unabhängiger, deren Überblick größer und deren Erfahrung breiter sein wird.

Entscheidend ist bei der Zusammenarbeit mit Externen vor allem:
- ein gutes Briefing. Wer nicht weiß, was Sie eigentlich wollen, kann nie und nimmer Ihre Vorstellungen befriedigen. Gute externe Berater, Coaches oder Mithelfer zeichnen sich auch dadurch aus, dass sie keinen Auftrag annehmen, ohne Sie vorher gezwungen zu haben, sich über die eigenen Ziele im Klaren zu sein. Das ist also Ihr Job.
- Der Job des Externen ist es, immer wieder darauf zu achten, dass Sie genauso wie andere Beteiligte über den Fortgang des Projekts – was immer es sein möge – zufriedenstellend informiert sind. Es dürfen keine Leerläufe durch fehlende gegenseitige Information entstehen.
- Werden Sie sich auch darüber im Klaren, welchen Typ von externen Unterstützern Sie eigentlich haben wollen. An der unterschiedlichen Auffassung über die Art der Zusammenarbeit scheitern die meisten Projekte. Wollen Sie jemanden, der ohne Widerrede ausführt, was Sie und Ihr Team verlangen, oder legen Sie auch hier Wert auf kritische Rückmeldung, bevor Sie aus Sicht des Externen in die Irre laufen? Wollen Sie lieber mit Männern oder mit Frauen, mit älteren oder jüngeren Menschen zusammenarbeiten? Der Markt bietet für jedes Bedürfnis VertreterInnen an. Es liegt an Ihnen, sie zu definieren.

Public Relations & Lobbying –
Wie ziehe ich Fäden?

»Wir stehen permanent in der Auslage.« Dr. Gerhard Seifried, SPÖ

»Man muss den Leuten erklären, was wir hier machen.« Eberhard Otto, FDP

Basierend auf Ihrem Schlachtplan gehen Sie Schritt für Schritt an die Umsetzung Ihrer Vorhaben in der Öffentlichkeitsarbeit und im Lobbying heran.
Und egal, welches Ressort Sie verantworten, ob Sie in der Exekutive oder der Legislative tätig sind: Folgende Spielregeln sollten Sie immer beachten!

Definieren Sie Ihre Zielgruppen exakt

Die PR-Experten unterscheiden zwischen internen und externen Zielgruppen.
Sie sind also gut beraten, ähnlich vorzugehen.

Interne Zielgruppen sind zweifelsohne:
* Ihr Büro,
* die Organisation – die SpitzenfunktionärInnen auf lokaler und überregionaler Ebene, die KollegInnen auf gleicher Ebene, die FunktionärInnen und Mithelfenden in Ihrem Gebiet (fachlich wie geografisch),
* organisationsnahe Einheiten,
* ehemalige MitarbeiterInnen. (Haben Sie gewusst, dass böse Geschichten über PolitikerInnen über die Boulevard-Presse häufig mithilfe ehemaliger frustrierter oder enttäuschter MitarbeiterInnen lanciert werden?)

89

Externe Zielgruppen sind:
- allen voran die WählerInnen – die eigene Stammwählerschaft, die WechselwählerInnen und alle anderen zusätzlichen potenziellen WählerInnen,
- ExpertInnen in Ihrem Ressort,
- JournalistInnen,
- MeinungsmultiplikatorInnen aus den verschiedenen gesellschaftlichen Bereichen,
- Relevante EU-Gremien und -Institutionen.

Schaffen Sie klare Spielregeln

Die Strategie hinter Ihren Aktivitäten muss von vornherein unmissverständlich sein:

- Wollen Sie Ihre MitarbeiterInnen ebenfalls hinausschicken oder sollen alle Termine von Ihnen wahrgenommen werden?
- Wann antworten Sie auf Anfragen persönlich, wann übernimmt das jemand aus dem Team für Sie? (Ob per E-Mail oder im TV-Interview ist ganz gleich.)
- Wie intensiv wollen Sie die Kontakte zu den Medien gestalten und auf welche Weise sollen die Kontakte vornehmlich stattfinden?
- In welcher Form wollen Sie sich das Ohr bei der Bevölkerung bewahren, um rechtzeitig aktuelle Stimmungen wahrzunehmen?
- Wollen Sie und wenn ja in welcher Form mit Querdenkern zu tun haben?
- Sollen Ihre Aktivitäten das ganze Jahr über den gleichen Rhythmus haben oder gibt es saisonale Schwerpunkte?
- Wie steigern Sie die Aufmerksamkeit in Hinblick auf die nächste Wahl?
- Mit welchen Initiativen und Instrumenten können Sie Ihr Image, Ihre Vision und Ihre Positionierung am besten transportieren?
- Welche Themen wollen Sie im Laufe des kommenden Kalenderjahres besetzen?
- Welche bestehenden oder geplanten Anlässe, Termine, Voraussetzungen von Seiten Ihrer Organisation oder auch anderer Veranstalter können Sie für Ihre Öffentlichkeitsarbeit nutzen?
- Mit wem wollen Sie kooperieren bzw. welche Form der Zusammenarbeit soll generell präferiert werden?

Entwerfen Sie einen Maßnahmenplan

Jede Initiative, die Sie planen und in Ihr Konzept hineinschreiben, wird Schritt für Schritt abgearbeitet. Nur so können Sie sicherstellen, dass Sie in der Öffentlichkeit nicht nur reaktiv, sondern proaktiv, als Vorantreibende, als Engagierter wahrgenommen werden. Es ergeben sich durch akute Vorfälle genauso wie durch aktuelle Aktivitäten Ihres Umfeldes kontinuierlich Momente, in denen Sie handeln, kommunizieren, entscheiden müssen. Es geht aber nicht nur darum, Sie als Problemlöser im Anlassfall oder als Abarbeiter von hereinflatternden Aufgaben »rüberzubringen« – Ihr Erfolg auf der politischen Bühne hängt wesentlich davon ab, ob es Ihnen gelingt, eigenständig Profil zu zeigen. Und das funktioniert nun mal nur, wenn Sie es planen und in ein Konzept, in einen Schlachtplan gießen. »Agenda setting« nennen die Profis es, wenn Sie proaktiv Inhalte kommunzieren und durch strategische PR-Arbeit Meinung machen. Sie bestimmen oder beeinflussen, was auf der Tagesordnung steht.

Welche Elemente sollte Ihr Maßnahmenpaket unbedingt enthalten?

Eine Matrix für Ihre Kontakte zu Meinungsführern
Besprechen Sie mit Ihrem Team, welche MedienvertreterInnen, welche einschlägigen Verbände, welche politischen Kräfte und welche Fachleute Ihres Ressorts Sie in den ersten drei Monaten Ihres politischen Wirkens kennen lernen müssen und welche Sie sich für eine zweite Runde aufheben können.
Ziel ist es, eine Art von Kern-Netzwerk aufzuziehen.
Bei den JournalistInnen sind jene am wichtigsten, die am ehesten über Sie und Ihre Ideen oder Vorhaben berichten würden – die Ressorts Innenpolitik oder Außenpolitik, wenn Sie überregionale oder internationale Verantwortlichkeiten wahrnehmen, das Ressort Lokales, wenn Sie in der Kommunalpolitik tätig sind oder ein Projekt von überdurchschnittlicher lokaler Bedeutung initiieren, oder jene Ressorts, die Ihre Themen abdecken. Stellen Sie sich vor allem jenen Medien persönlich vor, wo Sie meinen, da wäre ideologisch am wenigsten zu holen. Wenn Sie professionell agieren, werden Ihnen auch vermeintliche Opponenten Respekt zollen. Sie können in solchen Fällen nur gewinnen.
Bei den Verbänden sollten Sie jene aufsuchen, die über den größten Einfluss in Ihrem Bereich verfügen, unabhängig davon, ob sie Ihre Positionen repräsentieren oder nicht. Das betrifft die Sachebene. Innerhalb Ihres Wahlkreises sollten Sie persönliche Kontakte zu Verbänden aufbauen, die

für die dortigen WählerInnen von besonderer Relevanz sind. Und wieder gilt: Die Vorstellungsrunde sollte Freund und Feind, ideologische Partner oder Kontrahenten, sachliche Mitstreiter oder Gegenspieler gleichermaßen umfassen.

> *Man muss vom Zentrum täglich in den Wahlkreis ausstrahlen.« Eberhard Otto, FDP*

Bei den ExpertInnen wählen Sie nach Persönlichkeit und Renommee der dahinter stehenden Institution aus. Stellen Sie sich auch die Frage: Wen würde eine JournalistIn als zusätzlichen Interviewpartner zu einem meiner Themen kontaktieren?

Diese Herrschaften sollten Sie alle persönlich kennen und sich ausgetauscht haben – unabhängig von der kolportierten oder tatsächlichen parteipolitischen Präferenz der einzelnen Akteure.

Ob Sie diese für Sie wichtigen Multiplikatoren in deren Büros aufsuchen, sie zu sich einladen oder auf neutralem Boden in einem Restaurant treffen, ist eine Frage der lokalen Usancen. In Österreich sind Frühstück, Kaffees und Mittagessen beliebte Anbahnungsszenarios, in Deutschland ist dies viel häufiger als Abschluss einer erfolgreichen Kooperation Usus.

Wichtig bei all dem: Sie präsentieren Ihre Vorstellungen und/oder hören zu, wie Ihr Gesprächspartner diverse Fragestellungen sieht. Jeder von beiden Beteiligten muss nachher vom anderen ein besseres Bild haben. Plaudern oder tratschen allein ist zu wenig.

Persönliche Kontakte zu den WählerInnen
Siehe »Faktor 8: Die WählerInnen«.

Kooperationen mit relevanten Partnern

> *»Sie haben Grenzen. Provokationen hin zur Politik – das geht nur bis zu einem gewissen Grade, weil Sie darauf angewiesen sind, viele Gesprächspartner zu haben.« Dr. Michael Reusch, Ärztekammer Hamburg*

Jede Initiative kann durch Partner verstärkt werden. Ob diese Partner aus den eigenen Reihen kommen, aus der Medienszene, individuelle Prominente sind oder Unternehmen, ist eine Frage des Themas, der aktuellen Möglichkeiten und Ihrer persönlichen Präferenzen.

Überlegen Sie, wer außer Ihnen noch am Erfolg Ihrer Vision, Ihrer politischen Ideen Interesse haben könnte, und treten Sie mit diesen Personen oder Organisationen in Kontakt. Je weniger ideologisch punziert Ihre Vorhaben sind, desto größer ist das Feld an potenziellen Kooperationspartnern. Vor allem Unternehmen scheuen sich zumeist, aus Sorge sich einen Teil ihrer Kunden zu vergraulen, eindeutig parteipolitisch Stellung zu nehmen. Je mehr Sie also im Interesse des Gemeinwohls und weniger vordergründig einer parteilichen Profilierung unterwegs sind, desto eher werden Sie Partner finden.

Stellen Sie am besten folgende Fragen:
- Wem innerhalb meiner Organisation/Fraktion nützt es, sich mit mir zu diesem Thema zusammenzutun?
- Welches Medium will sich über dieses Thema profilieren?
- Welcher Prominenter will sein/ihr Image zu diesem Thema aufbauen oder verstärken?
- Welches Unternehmen hat eine Klientel, die direkt von meinem Vorhaben bevorzugt würde, und das daher im Interesse seiner Kunden meine Intentionen unterstützt?

Medienarbeit
Siehe »Faktor 9: Die Medien«

Persönliche Auftritte
Wo sollten Sie – unabhängig von der Medienresonanz – dabei sein, um Ihre Positionierung zu kommunizieren und Ihre Vision klar zu machen? Welche Konferenzen, Kongresse, Tagungen oder Seminare sollten Sie besuchen, um durch Ihre Präsenz Ihre Vorhaben weiterzubringen? Ob Sie als Referentin oder Diskutant eingeladen sind, oder sich auch mal nur als TeilnehmerIn und BesucherIn einbringen, ist eine Frage Ihres Terminkalenders und des Schneeballeffekts der jeweiligen Veranstaltung.
Gibt es Organisationen, bei denen Sie Mitglied werden oder eine leitende Funktion übernehmen sollen? Ist es zielführend, in die Jury des Verbands x zu gehen, ist es mit Ihrer Positionierung und Ihrer Vision stimmig, den Ehrenschutz für das Symposium y zu übernehmen, erhöht es Ihre Glaubwürdigkeit, wenn Sie Experten-Stammtische organisieren? Oder was halten Sie davon, gemeinsam mit ExpertInnen im Zuge eines Workshops Leitlinien für die zukünftige Sachpolitik, der Sie sich gemeinsam verschreiben wollen, zu erarbeiten? So geschehen z. B. im Bundesstaat Washington, wo im Herbst 2003 die lokalen PolitikerInnen in einer parteiübergreifenden Initiative die so genannte »Washington Health Leader-

ship Resolution« beschlossen haben. Zehn Punkte auf einer Seite definieren die gemeinsamen zukünftigen Werte:
1. Fairness sicherstellen. 2. Das Gesundheitssystem verändern. 3. Die bestehenden Ressourcen überdenken. 4. Leistung und Effizienz des Gesundheitssystems verbessern. 5. Jedermanns persönliche Verantwortung für seine/ihre Gesundheit betonen. 6. Die Bewohner Washingtons informieren und motivieren. 7. Lösungen innerhalb des Bundesstaats anstreben. 8. Zusammenarbeit als Prinzip betonen. 9. Die Verlässlichkeit der Regierung sichern. 10. Zusätzliche Ressourcen zur Verfügung stellen.

Auf jeden Fall: Haben Sie Prioritäten – »von jedem Dorf ein Hund« ist vermutlich nicht die beste Strategie. Gesichtswäsche allein ist zu wenig. Wollen Sie überzeugen und nicht nur kurzfristig Erwartungen, die Sie dann aus Zeitmangel sowieso nicht erfüllen können, aufbauen, dann nehmen Sie nicht zu viele derartige Auftritte an. Oder Sie delegieren Sie an Ihre MitarbeiterInnen und KollegInnen – das sollten Sie aber der Fairness halber bei den Terminvereinbarungen gleich dazusagen.

»Man hat Wohlfühl-Termine und Stress-Termine, die muss man auf die Reihe kriegen.« Kordula Schulz-Asche, Bündnis 90 – Die Grünen

Die WählerInnen –
Wie pflege ich Kontakte?

»Es reicht nicht, am Stammtisch der eigenen Freunde gut anzukommen, sondern man muss im Park eine Rede halten und bei einem Empfang auf völlig fremde Menschen zugehen und ihnen die Hand geben und ›Hallo‹ sagen können und wollen.« Marie Ringler, Die Grünen

Was Sie brauchen, ist aber nicht nur eine Basis innerhalb Ihrer eigenen Reihen und ein gutes Netzwerk zu den für Sie relevanten Organisationen und JournalistInnen: Sie brauchen – na klar – auch ein solides Fundament in der Wählerschaft. Sie brauchen Menschen, die durch Ihre Stimme dafür sorgen, dass Sie Ihre Position gewinnen oder nicht verlieren. Das ist, wenn Sie eine exekutive Funktion anstreben oder schon innehaben, eine – je nach Wahlrecht – relative oder absolute Mehrheit an Stimmen. Das ist, wenn Sie auf einer Liste einer Bewegung stehen und parlamentarisch tätig sind oder sein wollen, eine vorgegebene Anzahl an Stimmen, die Sie wissen und nach der Sie sich orientieren können. Vor diesem Hintergrund ist es also doppelt wichtig, den Wahlkreis, aus dem Sie eigentlich stammen bzw. der Ihnen zugeordnet ist, nicht aus den Augen zu verlieren.

»Man sollte immer auf die Rückkoppelung zu der Gruppe achten, von der man kommt. Das heißt, sich in der Fraktionssitzung einzubringen und sich als wirklicher Repräsentant zu zeigen. Das ist guter Populismus.« Dr. Werner Perger, »Die Zeit«

Fatal kann sich das auch auswirken bei Quereinsteigern – vor allem wenn sie prominent sind. Würden Sie sich zu diesen Leuten dazuzählen, dann geben Sie Acht. Ihre Prominenz wird nicht ausreichen, um Ihnen das Mandat zu bringen oder abzusichern. Wenn Sie nicht den WählerInnen Ihres Wahlkreises glaubhaft machen, dass Sie sich um sie bemühen werden oder würden, werden Sie schneller, als es Ihnen lieb ist, den Boden unter den Füßen verlieren. Vergessen Sie die Zeiten, als man den roten

Teppich vor Ihnen ausrollte – mit Ihrem Schritt auf die politische Bühne sind nun Sie aufgerufen, den Menschen Blumen zu streuen.

»Man muss im Leben stehen, zum Anfassen sein und doch das Amt zum Ausdruck bringen, ernsthaft zuhören und Probleme lösen. Dann haben die Leute auch Vertrauen.« Mike Mohring, CDU

Die Stunde der Wahrheit: die politische Rede

Wohl nichts hinterlässt einen so starken, prägenden Eindruck wie der persönliche Kontakt. Mögen Sie als PolitikerIn noch so viele Fernsehinterviews geben, noch so viele Plakatwände mit Ihrem Gesicht zieren und noch so viele wahlwerbende Briefe an die Haushalte der Umgebung versenden: den Menschen, die Sie unterstützen sollen und für die Sie tätig werden wollen, von Angesicht zu Angesicht gegenüberzustehen ist vermutlich die wichtigste Probe.

Warum? Weil Sie in Ihrem Leben sicherlich wesentlich öfter Reden halten und Hände schütteln werden als alles andere. So gesehen prägt rein mengenmäßig der persönliche Auftritt vor Publikum Ihr Image als Vertreter des Volks entscheidend. Von einem Politiker werden Ansprachen erwartet – vorbereitet oder unvorbereitet, geplant oder ungeplant. Stellen Sie sich also darauf ein, mehrmals täglich Reden zu allen erdenklichen Themen und zu allen vorstellbaren Anlässen halten zu müssen.

Natürlich bekommen Sie nach einer gewissen Zeit Routine. Vielleicht bekommen Sie diese Routine sogar schneller als Wirtschaftskapitäne, die zum selben Zeitpunkt wie Sie ihre Führungspositionen eingenommen haben, aber eben doch nicht ganz so oft öffentlich sprechen müssen. Doch Vorsicht: Die Routine birgt auch teuflische Gefahren – schlampige Vorbereitung und Langeweile an den eigenen Worten sind die häufigsten. Die Konsequenzen: unbeeindruckte, ja vielleicht sogar enttäuschte oder unzufriedene WählerInnen. Und auf jeden Fall keine gute Nachrede.

Hier sind einige Tipps, mit denen Sie im Bundestag wie im Regionalparlament, bei der Weihnachtsansprache in der lokalen Schule genauso wie vor ausländischen Diplomaten oder einer Gruppe heimischer Gewerbetreibender punkten können:

1. Versuchen Sie das Auditorium zu motivieren

Damit fängt alles an: Nehmen Sie sich ab sofort immer und ausschließlich vor, bei jedem Auftritt ein konkretes Ziel erreichen zu wollen. Immerhin ist jeder Auftritt im Leben eines politisch Aktiven gute oder schlechte Werbung in eigener Sache. Oder anders gesagt: In diesem Beruf haben Sie nie Pause.

Geben Sie sich also nicht zufrieden, wenn Ihnen Ihre Berater zuflüstern, vor wem Sie sprechen, wie viele erwartet werden, ob es Meinungsführer gibt, auf die Sie speziell eingehen sollten, und ob man Ihnen konstruktiv gegenübersteht oder nicht. Das ist wichtig, aber nicht genug. Wiederum: Werden Sie konkret und präzise und stellen Sie sich selbst die Frage: Was sollen diese Menschen tun, nachdem ich als Impulsgeber die Bühne wieder verlassen habe? Wozu will ich diese Menschen motivieren?

Sollen sie Ihre neuen Pläne für das Einzugsgebiet bejubeln und anschließend zusätzliche Unterschriften sammeln gehen? Oder sollen sie aktiv mithelfen, die nächste Veranstaltung zu organisieren? Wollen Sie ein Abnicken Ihrer Gesetzesvorlage erreichen oder sollen die anwesenden Gäste abends zu ihren Ehegesponsen sagen: Den/Die wähl ich.

Am besten stellen Sie sich das so vor: Wenn Sie sich vornehmen, das Publikum zu informieren – »Ich liefere Information ab«, so wie es doch am meisten praktiziert wird –, dann schlüpfen Sie in die Rolle des reinen Wissensvermittlers, des Belehrenden, dessen, der den Kopf der Menschen gewinnen will. Sie sollen aber die Herzen gewinnen und damit ist die reine Wissensvermittlung zu wenig. Sie führt nur dazu, dass Ihre Zuhörer zueinander sagen: O. k., und was jetzt?

Political Leadership bedeutet, dieses »Und was jetzt?« bereits vorwegzunehmen.

Sie wollen die Menschen kraft Ihrer Worte zu einer konkreten Handlung oder Initiative hinführen. Sie wollen aufrütteln, anleiten, inspirieren, Sie wollen etwas in Bewegung bringen. Sehen Sie sich also in erster Linie als Motivator denn als Informant. Allein durch diese Änderung Ihrer Rolle wird Ihr Engagement viel intensiver sein, als wenn Sie bloß informieren wollten. Ihre Sprache wird ganz automatisch einfacher und eindringlicher werden, Sie werden sich viel besser überlegen, wie Sie was erklären sollen – denn letztlich wollen Sie eine besondere Form der Gebrauchsanleitung darbieten.

2. Kein Rednerpult, keine Floskeln und kein Manuskript

Ach, wie ist das typisch: Der/die PolitikerIn kommt von links oder rechts, stellt sich hinter das ihn/sie bis zur Brust abdeckende Rednerpult, greift nach dem Redemanuskript und beginnt zu lesen: »Liebe Städterinnen und Städter! Ich freue mich außerordentlich, heute wieder einmal in Ihrer schönen Stadt zu sein.«

Und glauben Sie mir: Zu diesem Zeitpunkt ist das negative Urteil über Sie schon gefällt worden. Der Einstieg ist nicht so gelungen, wie er hätte sein sollen. Nur sehr, sehr mühsam können Sie sich aus diesem Sammelsurium an Fehlern wieder herauswursteln.

Was ist passiert?

a) Das Redemanuskript – die Geißel der politischen Rhetorik – lässt Ihren Auftritt zu einer Vorleseübung vor ausgewählten Gästen verkommen. Vergessen Sie nicht: Deswegen ist keiner gekommen! Die Menschen wollen sich ein Bild von Ihnen als Persönlichkeit machen, nicht von den Fähigkeiten Ihres Redenschreibers.

Die gesprochene Sprache und die geschriebene Sprache sind nicht ident. Geschrieben heißt im Normalfall längere und damit für den Zuhörer unverständlichere Sätze und eine kompliziertere Wortwahl. Immerhin kann ja der Leser, was der Zuhörer nicht kann: sich, falls er etwas nicht versteht, sofort im nächsten Lexikon oder Wörterbuch informieren.

»Obwohl sie deutsch reden, versteht man sie überhaupt nicht mehr.«
Bianca Gruner, DaimlerChrysler, über ParteipolitikerInnen.

Dazu kommt: Wenn Sie lesen – auch wenn Sie sehr geübt sind und Ihnen mit Teleprromptern (Bildschirme, die Ihnen gegenüberstehen und auf denen der Text abläuft, sodass Sie ihn mitlesen können) die beste Technik zur Verfügung gestellt wird – verlieren Sie über weite Strecken den so wichtigen Augenkontakt. Und was es bedeutet, Leuten, die man von etwas überzeugen will, nicht oder nur sporadisch in die Augen zu schauen, wissen Sie sicher selbst am besten.

Das Redemanuskript hat einen Effekt: Es passiert nichts. Ängstliche oder weniger erfahrene Menschen, die Sorge haben, sie verlieren den Faden, halten sich deshalb gern daran an. Doch halt: Es passiert tatsächlich nichts! Oder zumindest nicht das, was passieren könnte. Wer soll begeistert sein, wenn Sie beweisen, dass Sie einen fremden Text vorlesen können? Wer soll von Ihnen beeindruckt sein, wenn man das Gefühl hat, Sie könnten nicht einmal ein paar einzelne Sätze außerhalb des Scripts sprechen? Sie sind doch kein Schauspieler! Und besonders unerträglich wird es dann, wenn Sie selbst jene Phrasen, die am Anfang zur Einstimmung des Publikums ausgedacht sind, vorlesen: »Liebe Städterinnen und Städter! Ich freue mich …«
»Fehlen Ihnen bereits hier die Worte?«, möchte man Ihnen am liebsten zurufen!

Lassen Sie mich Ihnen etwas anderes raten: Nehmen Sie so genannte Moderationskarten, kuvertgroß, schmal-länglich oder rechteckig, wie Sie auch Thomas Gottschalk in »Wetten dass« verwendet. Und schreiben Sie sich die für Sie wichtigsten Stichworte und Ziffern auf. Den ersten und den letzten Satz der Rede sowie den ersten Satz auf jedem Kärtchen – quasi zur Einleitung eines neuen Kapitels – formulieren Sie aus. Dann kann Ihnen im Falle eines Blackouts nichts passieren und Sie sind durch die Stichworte dennoch gezwungen, Ihr Publikum anzuschauen und Ihre Sätze selbstständig zu formulieren.

b) Sie haben die entscheidenden ersten 60 Sekunden, in denen – Daumen rauf, Daumen runter – bereits emotional über Sie entschieden wird, nicht genutzt.

Planen Sie für den Anfang (und das Ende – die letzten 60 Sekunden sind mindestens genauso wichtig) etwas ein, was Ihnen besonders am Herzen liegt und was die Menschen, die vor Ihnen sitzen oder stehen, auf Sie aufmerksam macht.

»Liebe Städterinnen und Städter! Ich freue mich ...« ist, auch wenn Sie's frei sprechen, nichts, wodurch ich auf Sie aufmerksam werden würde. Da denken sich die meisten bestenfalls: »Ach Gott, schon wieder ...«

Ob Sie mit einer persönlichen Geschichte, die zu den Anwesenden im Raum passt, beginnen oder Ihre Vision skizzieren, ob Sie mit Humor starten oder Ihr Credo als Appell in den Raum stellen – alles ist gut, was den Menschen das Gefühl gibt: »Hoppla, da erleben wir aber heute was, wie gut, dass ich gekommen bin.« Alles ist schlecht, was nach Phrasendrescherei und Floskel wirkt.

Denken Sie an den niedrigen Glaubwürdigkeitsfaktor des Homo politicus als Kategorie. Dafür können Sie nichts. Aber Sie können alles tun, um zu zeigen, Sie gehören einer neuen Spezies von PolitikerInnen an. Jede und jeder im Raum soll spüren und wissen: Sie haben hier und heute speziell ein Anliegen, eine Frage oder ein Diskussionsthema für diese Menschen. Wenn Sie das Gefühl vermitteln, Sie reproduzieren lieblos die 52. Folge des immer gleichen Referats, wird das nicht nur Sie selbst anöden, sondern vor allem die, deretwegen Sie eigentlich da sind.

c) Bleibt das leidige Rednerpult. Bitte verzichten Sie darauf, wo immer es Ihnen möglich ist. Rednerpulte gehören zu den schlechten Gewohnheiten der Rhetorik, wie Nasenbohren oder Nägelbeißen. Jeder weiß es, aber nur wenige tun was dagegen. Was glauben Sie, wie Sie wirken, wenn Sie sich nicht hinter diese Mauer, dieses Podest, diesen Wall stellen? Wenn man Sie ohne »Vorbau« sieht, einfach so wie Sie da stehen, nur mit Ihren

Kärtchen in der Hand: Können Sie sich vorstellen, dass das wesentlich volksnäher und sympathischer wirkt? Können Sie sich vorstellen, dass Sie dadurch viel deutlicher glaubhaft machen können, dass Sie Menschen mögen? Können Sie sich vorstellen, dass Sie dadurch automatisch – und noch ohne dass Sie einen Ton von sich gegeben haben – mutiger, dynamischer und engagierter ankommen?

Ja? Und können Sie sich vorstellen, wie sehr Sie gegenüber allen anderen, die das nicht tun, mangels Wissen, mangels Interesse, mangels Selbstvertrauen, positiv auffallen! Dann machen Sie es bitte ab sofort. Sie werden begeistert sein.

Ich hatte einmal eine Kundin, die hat gesagt: »Na ja, aber wenn ich so toll bin, dann wirken ja die anderen so schlecht!« Genau. Das ist eben Sinn, Zweck und Wesen des konstruktiven Wettbewerbs.

Sollten Sie in einem Raum sprechen, wo Sie ein Mikrofon brauchen, lassen Sie den Veranstalter bitte vorab wissen, dass Sie ein Ansteck-Mikro oder ein Head-Set haben wollen. Sonst können Sie sich nicht frei bewegen, wenn Sie das wollen, und jeder Sie hören soll.

3. Bleiben Sie kurz und halten Sie keinen Monolog

Die meisten Vortragenden sprechen zu lang. So auch die meisten PolitikerInnen.

Sie nicht, o. k.? Sie zeigen Ihren KollegInnen, Ihren politischen Gegnern, aber vor allem Ihren WählerInnen, dass die Kunst darin besteht, in aller Kürze Substanzielles zu sagen, und dass es im Gegenteil überhaupt keine Kunst ist, im wahrsten Sinne des Wortes stundenlang zu brauchen, um Botschaften zu kommunizieren.

Der amerikanische Präsident Woodrow Wilson – der als Erfinder des Völkerbunds, der Vor-Organisation der UNO, gilt – wurde einmal gefragt, wie lange er sich auf eine Rede vorbereite. So hat er geantwortet: »Wenn es 10 Minuten sein sollen, 2 Wochen, wenn es eine halbe Stunde sein soll, dann 2 Tage, aber wenn ich zwei Stunden reden soll: sofort!«

Mit anderen Worten: Die Aussagekraft einer Rede hat auch in der Politik nichts mit ihrer Länge zu tun. Einige Senior-Politiker beharren immer wieder darauf, dass bei Plenumssitzungen die volle Redezeit ausgenutzt werden müsse. Egal, ob man was zu sagen hat oder nicht. Es soll auch angeblich da und dort Druck ausgeübt werden, gerade auf neue KollegInnen innerhalb der eigenen Fraktion, nur ja nicht die vorhandene Redezeit zu unterschreiten. Bitte lassen Sie sich nicht davon einlullen. Zumindest übernehmen Sie dieses Prinzip – Hauptsache lang – nicht für Ihre Reden vor der Bevölkerung. Außerhalb des Fraktionsgeplänkels kann diese Taktik nämlich keiner verstehen und gutheißen.

Sie sind am besten beraten, Ihre Reden grundsätzlich immer in 3 Redezeiten vorzubereiten: 2 Minuten, 5 Minuten und 20 Minuten. Dann sind Sie für jede Eventualität vorbereitet und können auch einer unvorhergesehenen Verkürzung Ihrer Redezeit entspannt entgegensehen. (Für die Medien ist es tunlichst sinnvoll, sich auch eine 20-Sekunden-Variante zu überlegen – doch darüber mehr im Kapitel über Umgang mit Medien.) Sagen Sie nicht, das wäre so aufwändig, das schaffen Sie nicht. Es sieht viel komplizierter aus, als es ist. Sie schaffen das.

Die erste Variante, die Sie vorbereiten, ist immer die kürzeste – also die 2-Minuten-Version. Hier gilt es maximal 3 Hauptbotschaften zu bringen und die wichtigste dieser Botschaften mit einem Beispiel besonders zu illustrieren.

In der 5-Minuten-Version können Sie jede der 3 Hauptbotschaften mit einem Beispiel versehen und sich sogar noch einen aufmerksamkeitserregenden Anfang und Schluss überlegen.

Und in der 20-Minuten-Version bringen Sie mehrere Beispiele, widmen insgesamt der Zukunft einen größeren Schwerpunkt als der Vergangenheit, beziehen sich auf Ihren politischen Gegner oder aktuelle Anlässe. Sie legen besonderen Wert darauf, dass aus dem Monolog ein Dialog wird, bei dem das Publikum Anteil an Ihren Ausführungen nimmt und nicht 20 Minuten stumm in seinen Sesseln wartet, bis es vorbei ist und man eventuell, wenn Sie nicht schon zum nächsten Termin springen müssen, Fragen stellen darf.

Was ist der Hintergedanke?
Mehr noch als jeder andere sind Sie als PolitikerIn interessiert, ein Gespräch mit den Menschen zu führen. Sie suchen die Interaktion, Sie wollen, dass sich die WählerInnen mit dem politischen Geschehen auseinander setzen, und Sie haben letztlich aus guten Gründen ein großes Interesse daran, dass Ihre politischen Vorhaben auf Resonanz stoßen. Resonanz heißt in diesem Zusammenhang: erkennen, verstehen, diskutieren, vielleicht adaptieren, durcharbeiten, mittragen. Nur so kann politisches Bewusstsein aufgebaut werden. Frontalvorträge, die nicht umsonst ein Ausdruck autoritären Gehabes sind, taugen für all das gar nicht.
Mein Rat: Überlegen Sie sich doch schon im Vorfeld Ihres Auftritts, an welcher Stelle Ihres Vortrags Sie Reaktionen der ZuhörerInnen sehen

wollen. Das kann schon in der ersten Minute sein, wenn Sie sich erkundigen, wer denn im Saal berufstätig ist und wer derzeit keine Arbeit hat, wer Auto fährt, wenn Sie über ein Umweltthema sprechen, oder wer den öffentlichen Verkehr benutzt. Die Betroffenen heben die Hand, sehr schnell und einfach haben Sie ein bisschen Dynamik hineinbekommen. Und noch dazu eine wichtige Information, damit Sie Ihre Botschaften besser auf die aktuelle Zuhörerschaft abstimmen können. Sie können aber natürlich auch erst später den Dialog bewusst suchen und steuern: etwa mitten im Vortrag, wenn Sie, wohl wissend, Sie haben nachher noch einen Teil zu referieren, bereits die Möglichkeit für Fragen einräumen.

Auf diese Weise spüren Sie schon zur Hälfte, wie die Leute über das bis hierher Gesagte denken. Sie können austarieren, ergänzen, erläutern, Verständnis zeigen, notieren, welche Schwierigkeiten mit dem einen oder anderen Agendapunkt noch bestehen. Warten Sie nicht bis zum Schluss, um Rede und Antwort zu stehen. Unterbrechen Sie Ihren Redefluss selbst, absichtlich und in aller Interesse. Sie werden anfänglich vom großen Widerhall dieser kleinen Signale überwältigt sein.

4. Nur für Sie und heute

Noch etwas für diese Auftritte und die Diskussionen oder Gespräche danach: Geben Sie den Menschen immer das Gefühl, es ist Ihnen wichtig, gerade hier und heute zu sein. Tun Sie das aber, wie schon erwähnt, bitte nicht mit »Liebe Städterinnen und Städter! Ich freue mich ...«, sondern zeigen Sie während Ihrer Anwesenheit, dass Sie sich mit dem Ort, den Menschen und ihren Anliegen auseinander gesetzt haben.

Das, lieber Neueinsteiger, liebe Neo-Politikerin, ist der höchste Respekt, den Sie Menschen zuteil werden lassen können. Wir haben darüber schon gesprochen: Es geht nicht darum, wie der Weihnachtsmann herumzulaufen und allen alles zu versprechen. Das können Sie nicht, wenn Sie nur minimal Wert auf Seriosität legen, und das sollen Sie daher auch nicht. Es geht darum, klar zu machen, dass Sie sich speziell für hier und heute Zeit genommen haben und Sie Menschen, denen Sie begegnen, als Individuen mit ihren ganz speziellen Hintergründen sehen.

Wie man so etwas vermittelt?

a) Stellen Sie Fragen.
Die alte Management-Regel, wonach wer fragt, führt, gilt noch immer. In unserem Fall aber besonders wichtig: Wer fragt, zeigt Interesse! Lassen Sie sich erzählen, wie Leute aktuelle Probleme sehen. Lassen Sie sich vor

Augen führen, welche Lösungsmöglichkeiten die Menschen selbst in Angriff nehmen müssen. Machen Sie sich mit den Ängsten, die hinter Ablehnung und Abwehr verborgen sind, vertraut. Lassen Sie sich darlegen, was die Menschen für erstrebenswert erachten und welche Träume sie haben.

b) Halten Sie Blickkontakt

Wie oft ist es Ihnen schon passiert, dass Sie auf einer Party mit jemandem zusammenstehen, und während Sie beide sich noch unterhalten, in den Augenwinkeln bereits den Raum durchstreifen auf der Suche nach einem weiteren, einem womöglich interessanteren Gesprächspartner. Die meisten Menschen merken das und ärgern sich, denn Sie haben deutlich gemacht, dass Sie eigentlich ganz woanders sind in Gedanken.

Das sollte Ihnen in Ihrem neuen politischen Leben nicht passieren. Achten Sie darauf und disziplinieren Sie sich, dass Sie mit Ihrem Kopf und Ihren Gefühlen immer dort sind, wo Sie sich gerade befinden. Konzentrieren Sie sich auf Ihre Gesprächspartner. Sie versäumen nichts. Im Gegenteil: Weil dieses so banale Regel so wenige Menschen beherzigen, gewinnen Sie umso mehr Herzen dazu.

Und noch einmal: Als PolitikerIn können Sie gerade in diesen Dingen extrem punkten!

c) Gehen Sie auf die Menschen ein

Als Martin Luther King jr. 1968 ermordet wurde, befand sich Robert F. Kennedy gerade auf Wahlkampftour und man riet ihm strikt ab, kurz danach in Indianapolis vor einer mehrheitlich schwarzen Gruppe aufzutreten. Kennedy tat es doch, warf seine vorbereitete Rede weg und hielt eine komplett andere, neue, frei gesprochene. Es wurde eine der großartigsten Reden der US-Politgeschichte. Denn er sagte unter anderem: »Ich verstehe euch. Auch ein Mitglied meiner Familie ist von einem Weißen erschossen worden. Euer Schmerz ist berechtigt. Doch umso mehr müssen wir danach trachten, gemeinsam gegen die Ursachen dieser Gewalt anzukämpfen.« Indianapolis war die einzige Millionenstadt der USA, in der in den folgenden Tagen keine Unruhen stattfanden.

Selten werden Sie sich in einer solch dramatischen Situation wiederfinden. Doch öfter, als wir glauben, können Umstände eintreten, die Ihr vorbereitetes Konzept, Ihr Referat ganz oder teilweise über den Haufen werfen. Und die Regel lautet immer: Ändern Sie Ihr Konzept. Weichen Sie ab von dem, was Sie sich sichtlich vorgenommen hatten. Zeigen Sie Flexibilität und Sensibilität – es geht nicht um Sie, es geht letztlich um die, die Sie repräsentieren und vor denen Sie sprechen.

Bei Ereignissen von besonderer Tragweite im Guten wie im Schlechten –

und wenn sie erst 10 Minuten vor Ihrem Eintreffen passiert sind – sollten Sie immer diese Feinfühligkeit beweisen. Sprechen Sie über diese Ereignisse, passen Sie Ihren Auftritt den neuen Umständen an.

Ein häufiger Grund für Adaption ist die Zeit: Wenn die Veranstaltung, an der Sie teilnehmen und als Schlussredner vorgesehen sind, länger dauert als geplant und Ihr Publikum nur mehr müde und hungrig in den Stühlen hängt und bei allem Respekt für Sie viel lieber nach Hause gehen will, dann sollten Sie reagieren. Sie sollten a) Ihre Rede auf die 5-Minuten-Variante kürzen und entsprechend darauf hinweisen, b) statt Ihrer Rede eine Fragerunde einziehen, um die Runde wieder zu beleben, c) das Podium links liegen lassen und sich zwischen den Reihen bewegen und durch die körperliche Bewegung Spannung und neue Aufmerksamkeit erzeugen. (Und außerdem sollten Sie d) nächstens bei keiner Veranstaltung mehr zusagen, wo Sie der/die Letzte sind.)

Die Stunde der Glaubwürdigkeit: Der Zugang zu Ihnen

> *»Wichtig ist, dass man sich überzeugt, ob man den Puls noch da hat, wo das Herz schlägt.« Dr. Michael Reusch, Ärztekammer Hamburg*

Schönwetter-Redner nennt der Volksmund all jene, die bei lang terminisierten, wohl überlegten Auftritten versuchen, das Blaue vom Himmel herunter zu versprechen. All das in dem Bestreben, volksnah, jovial und sympathisch zu wirken. Wie sehr Sie allerdings wirklich an den Interessen der WählerInnen bzw. an den Menschen selbst interessiert sind, zeigt sich an etwas anderem: Wie leicht oder wie schwierig Sie persönlich verfügbar sind.

Manager alter Prägung glaubten, je weniger sie erreichbar waren, desto wichtiger musste man sie nehmen. Und vielleicht hat dieses Prinzip auch seinerzeit tatsächlich den Nimbus von Ehrfurcht und Untertänigkeit erzeugt. Doch um beides geht es heute längst nicht mehr und schon gar nicht, wenn wir von politisch aktiven Menschen sprechen. Fast könnte man sagen: Das Gegenteil ist der Fall. Je normaler, menschlicher und nahbarer Sie sich zeigen, desto mehr wird Ihnen Sympathie und Respekt zuteil werden. Im Folgenden nun einige Erfahrungswerte, wie Sie demonstrativ Zugänglichkeit klar machen können. Denn nur davon zu sprechen, ist – selbst wenn es ehrlich und authentisch gemeint ist, wovon wir jetzt einmal ausgehen – angesichts der Konkurrenz und des Drucks von Seiten der Medien zu wenig.

1. Schnelligkeit: Internet

Sollten Sie das nicht schon längst haben, dann richten Sie sich bitte sofort eine eigene Homepage ein. So wie vor 10 Jahren in der Wirtschaft, als es ein Zeichen von Modernität war, wenn ein Unternehmen über eine eigene Website verfügte, so ist es heute ein absolutes Muss für Menschen im politischen Leben.

Jetzt werden Sie sagen: Na gut, aber ich komme doch sowieso auf der Homepage meiner Organisation vor, da stehen auch ein paar Daten über mich, mein Foto ist auch dabei – was soll's?

Sehen Sie doch bitte einfach diese Organisations-Homepage als Pflicht und Ihre eigene als Kür. Oder anders gesagt: Erstere soll zwar die Basics vermitteln, im Wesentlichen aber nur Gusto machen auf Zweitere. Und nur dort können Sie in der Intensität, Tiefe und Individualität, die Sie wollen, Ihre Persönlichkeit, Ihre Anliegen und Ihre Aktivitäten transportieren.

»Entscheidend ist auch, ob jemand es schafft, in der Öffentlichkeit für ein bestimmtes Thema zu stehen. In den richtigen Medien und zum richtigen Zeitpunkt. Es reicht nicht, es nur in den Gremien zu diskutieren.« Philipp Mißfelder, CDU

Ihre eigene Homepage gibt Ihnen die Möglichkeit:
- Ihre Vision darzustellen. Denken Sie dabei daran, dass Vision von »videre« (= sehen) kommt, und nutzen Sie im Internet die Möglichkeiten der bildlichen (vielleicht auch der akustischen) Darstellung. Visionen, die im WWW nur als kleiner Aufsatz präsentiert werden, versäumen einen besonders wichtigen Aspekt.
- Ihre Persönlichkeit entsprechend Ihrer Positionierung zu präsentieren. Auf der Organisations-Homepage müssen Sie sich nach den Layout- und sonstigen Vorschriften der zentralen Administration richten, da bleibt so gut wie kein Platz für Ihren natürlichen Wunsch, sich herauszuheben – im Gegenteil: dort ist es aus guten Gründen Sinn und Zweck, dass alle Mitglieder gleichartig gezeigt werden.
- mit den WählerInnen in einen direkten Dialog zu treten. Und wenn Sie das wollen, können Sie sogar alle BesucherInnen Ihrer Homepage an diesem Dialog teilhaben lassen und gründen eine Art Chatroom. Essenziell für den Erfolg eines solchen interaktiven Konzepts: Sie müssen die E-Mails, die eintrudeln, raschest beantworten. Das E-Mail ist – abgesehen vom SMS – das schnellste Kommunikationsinstrument, das wir kennen – die Erwartung, ebenso schnell auch eine Reaktion zu erhalten, ist da. Im Geschäftsleben reagieren Professionelle innerhalb von 24

Stunden. Alles, was länger als drei Tage dauert, ist selten und deutet auf schlechte Organisation oder Ignoranz hin. Ihnen als PolitikerIn darf das nicht passieren. Denn sonst könnte man Ihnen ja entweder die Führungskompetenz absprechen oder glauben, Ihnen sind die Menschen im Prinzip ja doch egal, Hauptsache, sie machen am Wahltag das richtige Kreuz. Wenn Sie also eine Reaktion binnen 24 Stunden nicht garantieren können – dann richten Sie doch am besten eine automatische Antwort ein, die vermittelt: a) das Mail ist angekommen, b) man kümmert sich drum, c) binnen dieser und jener Frist wird man sich konkret melden. Besonders wichtig ist diese Einrichtung über jene Phasen, wo Sie länger unterwegs oder auf Parlamentsferien oder Ähnlichem sind. Es darf nicht passieren, dass E-Mails tage-, um nicht zu sagen wochenlang nicht beantwortet werden.

• Ihre Aktivitäten zu kommunizieren und zum Mitmachen aufzufordern. Immer mehr Menschen nutzen das Internet als Informationsmedium. Insofern ist es wichtig, dass Sie alle Ihre sonstigen Kommunikationsmedien immer mit dem Internet akkordieren bzw. das Internet laufend aktualisieren. Daten oder Nachrichten auf einer Homepage, die nicht dem letzten Stand der Dinge entsprechen, sind nicht nur besonders ärgerlich, sondern wirken auch extrem altbacken.

2. Die Tonart: Service

»Ich sehe mich nicht als Politiker, sondern als first servant.« Dr. Gerhard Seifried, SPÖ

Je freundlicher und zuvorkommender Sie und Ihre MitarbeiterInnen die schriftlichen und auch die fernmündlichen Kontakte gestalten, desto eher werden Sie sich den Ruf eines volksnahen und professionellen Vertreters einheimsen.

Natürlich gibt es Spitzen und natürlich sind die Tage unterschiedlich. Aber hier geht es ums Prinzip: Je mehr Außenkontakt Sie und Ihr Team haben, desto besser, denn das zeigt, die Menschen beschäftigen sich mit Ihnen. Und es stimmt: Wenn einmal gar niemand mehr in Ihrem Büro anruft oder Ihnen ein Mail oder einen Brief schreibt, dann sollten Sie dies als böses Zeichen werten. Nur wenn Sie und Ihre Arbeit den Leuten völlig gleichgültig sind, werden Sie von Anfragen aller Art verschont.

Selbst Beschwerden oder erbosten Hinweisen können Sie etwas Positives abgewinnen, denn die geben Ihnen oft überhaupt erst die Möglichkeit, sich mit einer problematischen Angelegenheit auseinander zu setzen. Besser Sie bekommen dadurch die Chance, etwas richtig zu stellen oder wieder gut zumachen, als Sie erfahren nicht einmal mehr etwas davon. Service ist das Schlagwort der Stunde.

»Wir versuchen so ein Service zu bieten, dass die Menschen beim Anblick eines Briefes von uns in ihrer Post nicht mehr denken: ›Das kann nur unerfreulich oder eine Zahlungsaufforderung sein.‹« Dr. Harald Bisanz, Rechtsanwaltskammer Wien

Werden Sie sich auch grundsätzlich darüber einig, wer in welcher Form Anfragen beantwortet. Eine die gesamte Mannschaft einbindende Checklist schafft hier auch intern entsprechenden Teamgeist.

»Früher hatten wir unseren Mitgliedern geschrieben: ›Ihre Eingabe ist eingelangt und wird geschäftsordnungsgemäß behandelt werden.‹ Heute schreiben wir sofort, dass das Schreiben eingelangt und unverzüglich behandelt werden wird oder gehen gleich in möglichst kompetentem und freundlichem Ton auf die Sache ein.« Dr. Harald Bisanz, Rechtsanwaltskammer Wien

»Locker bleiben, cool bleiben, auch wenn jemand grantig ist. Die Amerikaner sind hier für mich ein Vorbild.« Dr. Gerhard Seifried, SPÖ

Haben Sie Parteien-Verkehr, dann vergessen Sie nicht, diesen Service-Charakter auch optisch zu demonstrieren. Um aus Ämtern Oasen der Mitglieder- oder Wähler-Orientierung zu machen, bedarf es da und dort auch baulicher Veränderungen oder zumindest eines neuen Dekors. Schon beim Hereinkommen soll man merken: Hier geht es anders zu als bisher.

3. Zum Angreifen: Sprechstunden & Events
Hillary Clinton, wohnhaft in Arkansas bzw. Washington D. C., hatte sich nicht umsonst den State of New York ausgesucht, um als Senatorin zu kandidieren: New York ist ein gutes Sprungbrett ins Weiße Haus. Sie wäre in jedem anderen Staat außerhalb von Arkansas oder Washington D. C. genauso eine Fremde gewesen, aber New York ist traditionell einer der wichtigsten US-Bundesstaaten und ein präferierter Präsidenten-Lieferant.
Mag Senatorin Clinton auch in den USA den Ruf haben, eine der berechnendsten Personen in der Politik zu sein, so hat sie uns dennoch vorexerziert, wie man Glaubwürdigkeit aufbaut, wenn man als Fremde kandidiert: Sie fuhr 2000 den ganzen Bundesstaat ab, sie sagte: »Ja, es stimmt,

ich weiß noch nicht alles, aber deshalb bin ich da. Erzählt mir eure Sorgen.« Und letztlich haben ihr die WählerInnen das hoch angerechnet. Hillary Clinton ist Hillary Clinton, das ist schon klar. Aber auch Sie haben zwei prinzipielle Möglichkeiten, Ihren WählerInnen persönlich Rede und Antwort zu stehen: Sie laden zu Terminen Ihrer Wahl oder Sie beteiligen sich, in welcher Form auch immer, an Events, die von anderen organisiert werden.

Bei den Terminen Ihrer Wahl stehen ganz zuoberst die Sprechstunden. Entweder die Menschen kommen zu Ihnen in Ihr Büro, wo Sie – kommuniziert über die Homepage oder die Lokalmedien – zu vorgegebenen Zeiten im Vieraugengespräch Rede und Antwort stehen. Oder Sie fahren zu den Menschen und halten derlei Sprechstunden in den Bundesländern ab. Vor allem für WählerInnen, die kein Internet verwenden oder die aus unterschiedlichen Gründen lieber einen persönlichen Kontakt zu Ihnen suchen, sind diese Möglichkeiten optimal.

»Ich versuche nicht zu suggerieren, dass ich mich für sie einsetze, wenn ich es nicht so meine. Die Menschen reagieren auf Ehrlichkeit positiv. Auch wenn man ihnen offen sagt, dass die Einflussnahme eines Einzelnen begrenzt ist.« Caren Marks, SPD

Bei den Events gilt dasselbe wie schon unter »Faktor 7: PR & Lobbying« besprochen. Bürden Sie sich nur nicht zu viel auf. Ihr Terminkalender sollte immer 2 bis 4 Stunden in der Woche völlig unverplant lassen. Nur so können Sie sicher stellen, dass Sie entweder Zeit zum Reflektieren und Nachdenken haben und/oder Ihre terminliche Flexibilität dramatisch erhöhen.

4. Noch eine Stunde der Wahrheit – Einbinden in den Prozess

»Ich führe eine Kammerversammlung, wo breit diskutiert wird, die kreuz und quer durch die Listen geht. Und immer dann, wenn ich merke, da sind Themen, die mehr Tiefe haben, dann frage ich mich, wer könnte da noch als Gesprächspartner in Frage kommen?« Dr. Michael Reusch, Ärztekammer Hamburg

Leadership heißt Visionen entwickeln und Ziele vorgeben, aber heißt nicht an den WählerInnen vorbei Maßnahmen durchquetschen. Die Betroffenen in den Entscheidungsprozess einbinden – das ist die Devise. Gemeint ist hier nicht automatisch und nicht ausschließlich die Intensivierung der direkten Demokratie nach dem Schweizer Modell – Volksabstimmungen oder Volksbefragungen in hoher Frequenz durchzuführen. Gemeint ist auch nicht das beliebte Instrument der Alibi-Image-Kampagne: Man beschäftige eine Werbeagentur und mit Hilfe von bunten Bildern auf Plakaten und Inseraten sowie einem Tag der offenen Tür ist die Sache geritzt, alle sind wohl informiert und Sie können einen Schritt weiter. Gemeint ist vielmehr,

* die Dringlichkeit einer Entscheidung bzw. Maßnahme zu vermitteln inkl. der Darstellung der Konsequenzen, was im best und was im worst case passieren kann;
* die unterschiedlichen Alternativen auf dem Weg zur gemeinsamen Entscheidung aufzubereiten und zu präsentieren. Die Menschen einzuladen, zusätzliche Alternativen zu diskutieren und einzubringen;
* sich in die Positionen der jeweiligen Gegner hineinzudenken: Zu klären, welche emotionalen Hindernisse die eine oder andere gemeinsame Lösung beeinträchtigen, die Geschichte dieser Einstellungen zu verstehen lernen und verbindende Ziele und Werte zu suchen;
* eine intensive Diskussion zu fördern (sehr oft scheitert das am zu knappen Zeitbudget: Gehen Sie von mindestens einem Jahr aus, bevor Meinungen nachhaltig verändert werden können. Je platzgreifender die neue Maßnahme angepeilt wird, desto länger vorher müssen Sie beginnen.)
* eine Entscheidung zu treffen – sei es über eine direkte Befragung oder auf Basis der Meinungsumfragen in den entsprechenden politischen Gremien.

Viele Standes-, Interessen- und ParteipolitikerInnen haben bei einem solchen Procedere die Sorge, das Zepter aus der Hand zu geben. Mitnichten. Wenn Sie Ihre WählerInnen respektvoll behandeln und für ernst nehmen wollen, dann sollten Sie sie auch zwischen den Legislaturperioden, und nicht nur jeweils kurzfristig vor der nächsten Wahl, in die Gestaltung einbeziehen. Zumindest fallweise. Die Geste allein spräche schon Bände.

»Das Krebsübel der jetzigen Politik ist, dass sie nur bis zum nächsten Wahltag denkt und nicht den großen Schritt versucht. Dass sie nicht versucht, mutiger die größeren Zusammenhänge zu vermitteln oder auch eigene Schwierigkeiten, vor denen man steht, aufzuzeigen.« Dr. Peter Pelinka, »News«

Workshops, Podiumsdiskussionen, kleine Ausstellungen, ein Chat-Room im Internet, Informationsserien in den Printmedien, Talk-Shows in Radio und Fernsehen, direkte Kooperationen mit den unterschiedlichsten Gruppierungen – dies alles sind mögliche Instrumente auf dem Weg zu mehr Volksnähe und besser akzeptierten Entscheidungen.

Tony Blair hat im Herbst 2003 – als Reaktion auf fortlaufende Angriffe gegen seine einsamen Entscheidungsprozesse – eine eigene Internet-Seite einrichten lassen, die unzensuriert den BritInnen die Möglichkeit gibt, zu verschiedenen Themen und Problemen des Landes Meinungen und Lösungsansätze zur präsentieren und zu diskutieren: www.bigconversation.org.uk. In den ersten 5 Tagen langten mehr als 1000 Beiträge ein. Immerhin halten 60 % auf der Insel die Idee einer nationalen, umgreifenden, freien Debatte über die aktuellen Herausforderungen von Staat und Gesellschaft für positiv.

Wichtig ist aber natürlich – wie bei E-Mails wie oben beschrieben –, dass Sie die eingehenden Ideen oder Beiträge verwalten und raschest bearbeiten lassen. Denn sonst machen Sie Gusto bei leerem Kühlschrank. Und Sie wissen doch: Nie ist der Hunger unerträglicher, als wenn ich meine, etwas Essbares vor mir zu sehen, aber dann ins Leere greife.

Auch klar: Je mehr Sie sich auf eine einzige, ausschließliche, wahre Umsetzung Ihrer politischen Ideen festlegen – aus ideologischen, machtpolitischen oder persönlichen Gründen –, desto heikler wird für Sie jede Form von »public judgement«, wie man das im angloamerikanischen Raum nennt. Immerhin müssen Sie befürchten, dass sich die Menschen für eine andere Form der Lösung entscheiden, als die Sie präferieren. Umgekehrt: Wenn Sie sich nicht vor diesem Schritt scheuen, wird man Ihnen viel eher glauben, dass Sie tatsächlich an einer Sach-Entscheidung im Interesse des Allgemeinwohls arbeiten wollen und Eigen-Intentionen zurückstellen.

Haben Sie keine Angst davor, dass die Menschen bei Events oder auf Ihrer Homepage z. B. Mitgliedsbeiträge oder Steuern abschaffen wollen. Wenn Sie erklären können, was mit diesen Geldern zu welchem Behufe bis wann und unter wessen Verantwortung passieren soll und wird, passieren muss zu Gunsten aller, dann können Sie nur punkten. Wenn Sie Derartiges und anderes, wo es um Beiträge von Seiten der WählerInnen, Mitglieder oder MitstreiterInnen geht, nicht transparent darlegen können, dann werden Sie wohl Schiffbruch erleiden.

»Bestimmte Formen von Bürgerbeteiligung und offenen Diskussionsebenen sind zwar anstrengend – für alle anstrengend –, aber sinnvoll. Sie sollten nur oft viel besser organisiert werden. Viele Diskussionen sollten vermehrt dezentralisiert werden.« Kordula Schulz-Asche, Bündnis 90 – Die Grünen

Die Medien –
Wie nutze ich sie?

»Wir bräuchten Medien, die ein bisschen differenzierter darstellen. Die scheren oft alle über einen Kamm.« Ingo Rust, SPD

Eine der wichtigsten Schienen, den Dialog mit den WählerInnen und Mitgliedern zu führen, sind die Medien. Ein konstruktives Verhältnis zu Fernsehen, Hörfunk und Zeitungen kann im politischen Alltag lebenswichtig sein. Worum geht es dabei im Besonderen? Journalistenkontakte sind Geschäftsbeziehungen der speziellen Art. Wenn Sie mit dieser Einstellung an Ihre ins Haus stehenden Kontakte mit MedienvertreterInnen gehen können, dann haben Sie die halbe Miete schon herinnen. Ein Großteil vieler unprofessioneller Auftritte von PolitikerInnen in den Zeitungen, im Fernsehen und Hörfunk geht letztlich darauf zurück, dass viele die schreibende Zunft negativ sehen und dadurch allein sich selbst bereits massiv an einem konstruktiven Verhalten behindern.

Der Geschäftspartner Journalist hat besondere Bedürfnisse, die Sie sonst bei keiner Zielgruppe vorfinden werden. Aber wenn Sie diese Bedürfnisse befriedigen, werden Sie merken, wie fruchtbringend und lebenslang eine solche Zusammenarbeit sein kann. Erfolgreich sind Sie im Umgang mit Medien welcher Art auch immer dann, wenn Ihre Botschaften die JournalistInnen möglichst druckreif erreichen. Wenn also Ihre persönliche Kommunikation genauso wie die schriftliche in einer Art aufgesetzt und formuliert wird, dass die Redaktionen direkt und ohne wesentlichen Aufwand damit arbeiten können. Wer den ständig unter Zeitdruck agierenden JournalistInnen möglichst wenig Arbeit macht, wird gewinnen.

»Da gibt es die Dummen, die einen zum ›Sacher‹ einladen wollen, und die ganz Dummen, die einem erzählen, sie waren mit dem Eigentümer meiner Zeitung beim ›Sacher‹ und der hätte ihnen gesagt …« Dr. Christoph Kotanko, »Kurier«

Vergessen Sie nie: Sie wollen etwas von JournalistInnen, nicht umgekehrt. Deshalb liegt es an Ihnen, sich hier anzupassen und die Spielregeln zu beherrschen. Das kann Ihnen nun gefallen oder nicht. Es ist so, und solange JournalistInnen in einer freien Demokratie (Gott sei Dank) am längeren Ast sitzen, sollten Sie sich darauf einstellen. Ganz abgesehen davon, dass Ihre Konkurrenz riesig ist. KollegInnen aus den eigenen Reihen und von der Gegenseite wollen täglich gecovert werden, im ganz normalen Gerangel um die heutige Story kann sich nur der/die durchsetzen, der/die topprofessionell arbeitet.

»Natürlich ist dem österreichischen Kollegen die Abwesenheit des europäischen Kollegen angenehm – ist doch eine Konkurrenz weniger.«
Mercedes Echerer, Die Grünen

JournalistInnen verstehen sich als eine Art Betriebsrat der Öffentlichkeit. Mehr noch: Drei Viertel aller deutschen JournalistInnen sehen sich tatsächlich als politische Gegenelite, die den PolitikerInnen auf die Finger schauen und klopfen. (In Österreich ist aufgrund des kleinen Marktes und der überschaubaren Anzahl an handelnden Personen die Verflechtung zwischen Medien und Politik hingegen viel größer.) Hilft Ihnen das, sich noch besser in das Denken und die Gewohnheiten dieses Berufsstandes hineinzufinden?

Die häufigsten Beschwerden von Seiten der Medien an die Akteure am politischen Parkett: Die Antworten sind ausweichend und die Phrasendrescherei vorherrschend.

Und jetzt kommt's: Beides wird nicht als mangelnde Kommunikationsfähigkeit (die es vielleicht da und dort sogar ist) gesehen, sondern als gezielte Informationsverweigerung und als Ausdruck eines gestörten Verhältnisses zur Transparenz.

Menschen im politischen Umfeld sind mehr als andere in ihrer Arbeit an die Medien und deren Berichterstattung gekoppelt. Ihr Ziel sollte demnach sein, JournalistInnen ein fairer Ansprechpartner zu sein, der

- nie lügt,
- transparent und auch dann zu einem Gespräch bereit ist, wenn es ursprünglich nicht auf der heutigen Agenda war,
- präzise formulieren kann und zu pointierten Aussagen fähig ist,
- auch mal Hintergrundmaterial zur Verfügung stellt,
- im Mindesten eine Kontaktperson für weitere InterviewpartnerInnen ist,
- die Interessen der Journalisten genauso ernst nimmt wie seine eigenen,
- JournalistInnen nicht nur dann aufsucht, wenn's brennt, sondern eine proaktive Informationspolitik betreibt.

Klassische Pressearbeit hat innerhalb sämtlicher Möglichkeiten der Öffentlichkeitsarbeit einen besonders hohen Stellenwert, denn sie gilt
• als besonders glaubwürdig, weil durch den Raster des Journalisten gefiltert,
• als besonders kostengünstig, weil abgesehen von beigestellten Presse-Illustrationen keine Kosten entstehen,
• als besonders herausfordernd, weil man sich eben gegenüber unzähligen anderen interessanten Themen Tag für Tag durchsetzen muss, um »gebracht« zu werden,
• als besonders authentisch, weil der O-Ton der Organisationsrepräsentanten live transportiert werden kann.

»Es gibt nichts Schlimmeres, als wenn man nicht so ist, wie man ist. Es ist nicht notwendig, sich zu verstellen. Das kommt auch bei den Medien an.« Laura Rudas, SPÖ

Noch zwei generelle Gedanken:
a) Auf die Dosis kommt es an. Wer dauernd das Scheinwerferlicht sucht, nützt sich ab. Wer zu allem und jedem eine Meinung absondert, wird irgendwann nicht mehr wahrgenommen. Masse ist also auch in der Zusammenarbeit mit den VertreterInnen von den Medien nicht notwendigerweise Klasse. Ja, natürlich sollen Sie darauf achten, eine hohe Kontakt-Frequenz mit JournalistInnen aufzubauen und zu halten. Aber nicht wahllos und nicht stereotyp.

»Man darf nicht wahrgenommen werden als einer, der eben auch noch was sagt. Sie können sich Ihre Glaubwürdigkeit dadurch verhauen, dass Sie zu häufig zu plakativ sind.« Dr. Michael Reusch, Ärztekammer Hamburg

b) Stimmen Sie sich immer intern ab. Wenn Sie etwa gleichzeitig mit KollegInnen Pressekonferenzen ansetzen, konkurrenzieren Sie einander völlig unnötig. Das ist kontraproduktiv und erzeugt nach außen hin den Eindruck mangelnder Koordinationsfähigkeit.

1. Die Instrumente der Pressearbeit
Wie Sie sich JournalistInnen nähern, ist eine Frage Ihrer Strategie und des jeweiligen Anlasses.

Wir unterscheiden
- die Presseaussendung als schwächstes Instrument. Wird – ausgenommen akute Dringlichkeits- oder Krisenfälle – nur für durchschnittlich wichtige Anlässe verwendet.
- die Pressekonferenz als stärkstes Instrument mit breiter Wirkung. Für Themen von übergeordneter und für die Medien gleich wichtiger grundsätzlicher Bedeutung.
- das Einzelgespräch oder Interview – wenn man gezielt bestimmten Medien exklusive Informationen zukommen lassen will.
- die Journalistenreise – eine Pressekonferenz im Zuge einer Exkursion.
- das Journalistenseminar – eine 1-tägige oder 1 $^1/_2$-tägige Veranstaltung zum Aufbau von Grundsatzwissen bei JournalistInnen. Wird wie mehrere aufeinander folgende Pressekonferenzen abgewickelt.
- das Kamingespräch – eine Hand voll ausgesuchter Journalisten werden abends zu einem Abendessen zwecks Lancierung von Hintergrundinformationen geladen.

Sehen Sie mal auf Ihre Möglichkeiten! Auf dieser Klaviatur können Sie spielen – JournalistInnen hingegen können einzig und allein über das Interview (persönlich oder immer öfter übers Telefon) mit Ihnen in Kontakt treten.

2. Die Aufbereitung der Informationen

Tageszeitung, Magazin, Fernseh-Show oder Hörfunk-Nachrichten – sie alle brauchen dieselben Bedingungen, um Ihre Informationen zügig und unmittelbar verwenden zu können. Diese Bedingungen müssen Sie erfüllen.

Aktualität

Nichts ist langweiliger als die Zeitung von gestern.
Deshalb: Immer zum frühestmöglichen Zeitpunkt News lancieren.

Hohe Relevanz für die Leser/Hörer/Seher

Was nicht für meine Leser/Hörer/Seher interessant erscheint, taugt nichts. Das ist die Prämisse. Wenn Ihre Informationen geografisch relevant sind, dann bedenken Sie bei der Wahl des Medienkontakts, dass die Betroffenheit mit jedem Meter der Entfernung abnimmt. Es gilt: Je weiter weg das Ereignis, desto größer muss seine Dramatik, seine Außergewöhnlichkeit sein. Wenn Sie eine Fach-Information vermitteln wollen, dann machen Sie das über die entsprechenden Kanäle: Selbst wenn Sie die

Fusion von Microsoft und Apple zu verkünden hätten, interessierte das eine Illustrierte für Esoterik wohl nur am Rande.

Außergewöhnliches

• Ranking-Erfolge

In irgendeinem Feld die Nr. 1 oder 2 oder 3 zu sein kann eine Schlagzeile wert sein. Das heißt: So lange suchen, bis Sie eine entsprechende Botschaft formulieren können. Besonders Erfolg versprechend sind dieser Tage Vergleiche innerhalb des EU-Raums, z. B.: Wir liegen an x-ter Stelle innerhalb der 25 Mitglieder.

• Premieren

Alles, was es so noch nie gegeben hat, hat hohe Journalistenrelevanz. Auch hier: So lange suchen, bis Sie ein Gebiet entdeckt haben, auf dem Ihre Initiative der/die/das Erste ist.

• Prominenz

Obwohl Sie als politisch Aktive/r selbst in gewissem Ausmaß als prominent bezeichnet werden können, liegt es an Ihnen, durch Beiziehen von bekannten Persönlichkeiten aus den verschiedenen gesellschaftlichen Bereichen Ihre Attraktivität für die Medien noch einmal zu erhöhen.

• Exklusivität

Alles, was Sie speziell und ausschließlich nur einem Medium kommunizieren, hat besondere Bedeutung. Denn auf diese Weise helfen Sie diesen JournalistInnen, ihren LeserInnen/HörerInnen/SeherInnen etwas anzubieten, was sie nur hier und nirgendwo sonst bekommen. Sie helfen dadurch die Auflage oder die Quote zu steigern. Gewiefte PolitikerInnen und Funktionäre verteilen exklusive Stories übers Jahr hinweg auf alle bedeutenden Medien.
So hat jeder was davon.

Trends

JournalistInnen lieben – so wie wir als KonsumentInnen der Medien – Zukunftsthemen. Ob in Form von Prognosen, Untersuchungen oder simplen Ableitungen, ist egal. Uns alle interessiert viel mehr, was geschehen wird oder könnte, als was bereits geschehen ist.

Ob Sie eigens Studien in Auftrag geben lassen, die Ihre Thesen, Ihre Ideen, Ihre Angriffe auf die politische Konkurrenz untermauern, oder auf bestehende Daten zurückgreifen, ist Ihre Entscheidung (solange die bestehenden Daten noch sehr aktuell sind). Hauptsache, Sie vermitteln, dass die richtige Gestaltung unserer Zukunft Ihnen zentrales Anliegen ist. Die Medien werden Ihnen die Daten förmlich aus der Hand reißen.

Stammtisch

Überlegen Sie, was derzeit in aller Munde ist, und versuchen Sie sich in Ihren Aktivitäten oder Botschaften dranzuhängen. So beweisen Sie, dass aktuelle Ereignisse von Ihnen spontan behandelt werden können und dass Sie wissen, was derzeit die Menschen bewegt.

Als etwa 2002 die große Flut über Deutschland und Österreich hereinbrach, waren JournalistInnen logischerweise besonders anfällig für alle Meldungen und Statements, die sich irgendwie auf diese Naturkatastrophe bezogen hatten.

Zwei Monate später war das Interesse vorbei.

Bewertungen

JournalistInnen lieben Meinungen. Und je emotionaler die Meinung, je wortgewaltiger der Spruch, desto lieber. Mit derartigen Bewertungen, Kommentaren oder Interpretationen haben Sie eine überdurchschnittliche Chance, mediale Aufmerksamkeit zu generieren. Überdies sind persönliche Meinungen immer ein Zeichen von Leadership – Menschen, die nur darstellen, aber nicht bewerten, wird keine entsprechende Führungskompetenz zugetraut.

»Ich bin schwul. Und das ist gut so«, hat Klaus Wowereit, regierender Bürgermeister von Berlin, seinerzeit gesagt und dank dieser seiner Bewertung wurde sein Outing zum wiederkehrenden Zitat landauf, landab im positivsten Sinn. Hätte er nur gesagt: »Ich bin schwul«, was glauben Sie wohl wäre passiert?

Diese persönlichen Meinungen sind es letztlich, die jedem Artikel seine Würze geben und zumeist unter Anführungszeichen zitiert werden. Ihre schriftlichen Presseinformationen sind fein – was der/die JournalistIn aber immer sucht, sind diese lebendigen O-Töne. Deshalb kommen sie auch zu Pressekonferenzen oder rufen wegen Interviews an, obwohl sie gerade eine Presseaussendung erhalten haben. Vorsicht daher für Sie: Kleiden Sie nur jene Meinungen oder Sachverhalte in blumige, emotionale Worte, die Sie am nächsten Tag in der Zeitung wiederfinden möchten. Originalität an Stellen, die Ihnen im Falle einer Veröffentlichung nicht gut zu Gesicht stehen würden, ist kontraproduktiv.

Negativ-Meldungen

»Der Schockeffekt einer polemisch formulierten Schlagzeile ist schon beeindruckend.« Bianca Gruner, DaimlerChrysler

Bad news are good news – so wird es wohl immer bleiben, solange schlechte Nachrichten noch immer etwas Außergewöhnliches und nicht die Norm darstellen. Vielleicht ein kleiner Trost aus der ethischen Ecke: Wäre es umgekehrt, würden die Medien sich um positive Meldungen reißen. Im politischen Umfeld heißt das konkret:

• Persönliche Verfehlungen
Eigentlich ist es ganz simpel: Die professionellste Kommunikation kann nicht helfen, wenn der Sachverhalt untragbar ist. Je rascher Sie ungezündete Bomben von Alkoholproblemen bis Postenschacher aus der Welt schaffen können, desto besser werden Sie schlafen. Halten Sie sich immer vor Augen: Selbst wenn die Medien selbst nicht draufkommen – jemand, der Ihren Erfolg nicht will (und davon kennen Sie als politisch Aktive/r sicher einige), wird es sicher tun. Und zwar vermutlich dann, wenn es Ihnen am meisten wehtut: kurz vor der nächsten Wahl. Wenn Sie nämlich nicht mehr die Zeit haben, den angerichteten Schaden wieder gutzumachen, sondern einfach nur mehr aus der Defensive heraus entweder mit fliegenden Fahnen untergehen oder zurücktreten können.

• Nichteinhalten von Versprechungen
Verschleppen von Entscheidungen, Behauptungen oder Ankündigungen, die nicht stattfinden: Es bleibt sich gleich. Gehen Sie davon aus, dass irgendwer überprüft, ob Ihre Aussagen Ihren Handlungen entsprechen. Wenn Sie also absehen können, dass eines Ihrer Versprechen nicht hält, prüfen Sie mit Ihren BeraterInnen, ob es nicht klüger ist, proaktiv darüber zu reden und einen neuen Aktionsplan vorzulegen, als sich wie ein Dieb erwischen zu lassen.

*»Politiker sind auch nur Menschen, die auch normale Fehler machen.«
Ingo Rust, SPD*

»Vertrauen stellt her, wer sich und den Aussagen, die er politisch trifft, nicht ständig widerspricht.« Philipp Mißfelder, CDU

»Wenn ich was verspreche und was sage, muss ich das halten – auf Teufel komm raus.« Eberhard Otto, FDP

• Kritik an den eigenen KollegInnen

»Wenn man unbedingt in die Presse kommen will, muss man die Parteispitze kritisieren.« Anna Lührmann, Bündnis 90 – Die Grünen

Sind Sie sich dessen gewiss, dass Sie damit am einfachsten in die Medien kommen. Ob es intern wie bei den WählerInnen goutiert wird, steht auf einem anderen Blatt. Besonders reizvoll aus journalistischer Sicht ist es natürlich, wenn Sie Ihren jeweiligen Spitzenfunktionär (so Sie der nicht selbst sind) öffentlich an den Pranger stellen.

»Entgegen dem eigenen Minister aufzutreten muss man sich gut überlegen. Ich würde es nur machen, wenn ich eine ganz andere Meinung habe und es für mich so wichtig ist, dass meine eigene Karriere in der Partei zweitrangig wird.« Ingo Rust, SPD

• Kritik an der politischen Konkurrenz
Wenn Sie sich nicht in die Schar der destruktiven Menschen einordnen wollen, die jeden Pieps der Gegenseite negativ kommentieren, sollten Sie Ihre Kritik erstens dosieren.

»Man soll nicht auf jeden Rülpser reagieren. Gleichzeitig sollte man einen Killerinstinkt haben, wenn der politische Mitbewerber etwas gegen die Partei tut, was man verwandeln kann.« DI Uwe Scheuch, FPÖ

Damit allein würden Sie schon auffallen, denn was gewohnt und »eh klar« ist, interessiert JournalistInnen spätestens beim vierten Mal schon nicht mehr. Und zweitens sollten Sie Ihre Kritik mit Ihrer Idee, mit Ihrem Lösungsvorschlag verknüpfen. Letztlich muss es in Ihrem Interesse liegen, nicht unterstützt und gewählt zu werden, weil Ihre Mitbewerber so schwach, sondern weil Sie so viel besser und überzeugender sind.

»Wenn ich nicht per se die Regierung anpinkeln wollte, dann haben sie gesagt, das ist nicht sexy.« Mercedes Echerer, Die Grünen

• Fahrlässiger Umgang mit anvertrauten Geldern
Um es noch einmal zu betonen: Kriminelle Handlungen können durch die beste PR nicht wieder repariert werden. Das hatten wir schon. Bei unkundigen, dilettantischen oder nicht dem eigentlichen Ziel dienenden Manövern schaut die Welt anders aus. Sprechen wir von eklatanten Feh-

lern aus Ihrem Verantwortungsbereich, dann klären Sie bitte – auch wenn kein strafbares Vergehen vorliegt – die Frage, inwieweit Sie noch Glaubwürdigkeit besitzen, um Ihr politisches Werk fortzusetzen. Ist das Vertrauen in Sie als Führungspersönlichkeit dramatisch gesunken, dann nutzen Sie Ihren Interessen und Ihrer Organisation wohl auch nicht, wenn Sie in Ihrer Position verhaftet bleiben. Denn dann sind Sie, wie man so schön sagt, politisch tot und können sowieso nicht mehr agieren.

• Mangelhaftes Krisen-Management
Krisen passieren – verschuldete und unverschuldete. Das Leben ist nun mal von Herausforderungen der unterschiedlichsten Art gepflastert. Das wissen alle – JournalistInnen und WählerInnen. Das per se wird Ihnen auch nur selten das Genick brechen. Was allerdings unverzeihlich ist, wenn Sie die auftretenden Probleme nicht adäquat lösen und den Herd für weitere ähnliche Schwierigkeiten aus der Welt schaffen. Nicht die Absenz von Krisen ist unbedingt der Prüfstein, den die Medien anlegen – sondern die Art, wie Sie damit umgehen.

»Viele Menschen wollen Repräsentanten, keine Zauberer.« Laura Rudas, SPÖ

3. Die Vorbereitung
Vorbereitung ist das halbe Leben. Besonders in der Zusammenarbeit mit JournalistInnen. Sie können die Vorbereitung in drei große Bereiche teilen:

Die allgemeine Vorbereitung
Wie Sie Ihre Aktivitäten planen, steht in »Faktor 7: PR & Lobbying«.

Die konkrete Vorbereitung
Wie vor jedem Gespräch ist auch vor dem jeweiligen konkreten Medienkontakt die beste Vorbereitung jene, in der Sie sich anfänglich fragen, was Ihre Ziele in diesem Interview sind. Sagen Sie nun nicht, das wäre ohnehin klar, denn Sie wollen einen schönen Artikel haben.
Sorry, aber das ist sehr unpräzise. Außerdem ist das sowieso logisch. Sie könnten zum Ziel haben, die tendenziöse Berichterstattung des Journalisten zumindest zu neutralisieren, Sie könnten vorhaben, gar nicht im Artikel aufzuscheinen, aber dennoch das Medium mit Hintergrundinformationen zu versorgen, und Sie könnten sich gern als Neuling der Branche bei einem für Sie wichtigen Journalisten sympathisch präsentieren wollen.

Das alles sind letztlich leicht unterschiedliche Zielsetzungen, die Ihren Journalistenkontakt auch jeweils etwas anders gestalten werden.

• Das Statement
Als Nächstes sollten Sie die von Ihnen gewünschte Schlagzeile des Beitrags entwerfen – und diese Schlagzeile auch als Erstes über Ihre Lippen bringen. Damit erhalten JournalistInnen sofort das richtige Signal: Sie wissen, in welcher Sprache Sie mit ihnen sprechen müssen. Schlagzeilen können im politischen Leben Appelle sein, Aufforderungen, Visionen, Ankündigungen oder auch Verkündigungen von Resultaten.
Gemäß dem Aufbau eines klassischen Berichts in einem Printmedium bereiten Sie nun – nach der Schlagzeile – Fact & Figures vor. Kommunizieren Sie was, wer, wann, wo und wie getan hat, warum und welche Konsequenzen das Ganze für die Menschheit hat. Diese Fakten-Geschichte ist, wenn Sie so wollen, der Beweis für Ihre in der Schlagzeile formulierte Behauptung.
Was folgt, ist nun etwas Bildhaftes – ein Vergleich, ein drastisches Bild, das die soeben kommunizierten Daten noch griffiger macht, oder eine emotionale Aussage, die einer Bewertung, einer Interpretation des soeben Gesagten gleichkommt.
Bei großen Pressegesprächen sollten Sie immer eine Generalprobe – idealerweise mit Video-Analyse – machen.
Außerdem elementar: die Botschaften, die Sie durch Bilder senden. Für Printmedien können Sie Fotos oder Grafiken vorproduzieren lassen. Für die elektronischen Medien geht es darum, sich nur dort und nur so filmen zu lassen, wo Sie persönlich günstig und Ihrer Aussage entsprechend rüberkommen.

• Das Interview
Beachten Sie eines: Sie geben JournalistInnen grundsätzlich nie sofort ein Interview. Sie brauchen Zeit – und wenn es nur 3 Minuten sind –, um sich auf ein Gespräch vorzubereiten, dessen Inhalt sich demnächst direkt als Schlagzeile oder O-Ton in einem Medium wiederfinden kann.
Dieses Procedere ist auch für JournalistInnen o. k. – schließlich haben die KollegInnen in den Medien auch nichts davon, schlechte, weil unstrukturierte oder mangelhafte Interviews zu bekommen. Entscheidend ist einfach, dass Sie bei einem tagesaktuellen Medium nicht über die 10 Minuten maximal hinausgehen – sonst sind Sie nämlich weg vom Fenster. Und dass Sie immer die Kommunikation in der Hand behalten und von sich aus den/die JournalistIn kontaktieren (bitte keine SekretärInnen zum Wählen und Verbinden zwischenschalten – selbst ist der Homo politicus!).

Handelt es sich um ein bevorstehendes Magazin-Interview, dessen Dead-line erst in ein paar Tagen dräut, so überlegen Sie, ob Sie nicht ein persön-liches Treffen vorschlagen. Das ist organisatorisch nicht immer möglich, aber wenn es geht, dann erhöht es von sich aus die Qualität des Gesprächs und macht es für Sie einfacher.

Erkundigen Sie sich auch nach der Richtung des Interviews, wofür es ver-wendet wird und wann es erscheinen soll. Ebenfalls hilfreich ist die Frage, mit wem der/die JournalistIn bereits gesprochen hat. Dann können Sie nämlich besser einschätzen, welchen Informationsstand er/sie hat.

• Die TV-Diskussion oder -Konfrontation
Über kurz oder lang wird man Sie zu einer Live-Sendung ins Fernsehen einladen, wo Sie sich mit oder ohne im Saal anwesenden Zuschauern mat-chen müssen. Bei Diskussionsformaten sind Sie zumeist nicht der/die Einzige, der/die eine bestimmte Richtung vertritt – recht häufig werden auch andere Diskutanten die eine oder andere Ihrer Ideen bestätigen oder hervorheben. Von Konfrontationen hingegen sprechen wir ausschließlich im wahlwerbenden Kontext, wenn Sie und Ihre politischen Kontrahenten geladen werden, um direkt gegeneinander anzutreten.

Bei Diskussionen entscheiden Sie aufgrund der anderen Diskussionspart-ner, ob Sie überhaupt teilnehmen.
Bei Konfrontationen haben Sie meist keine andere Wahl, es sei denn, Sie sind der Spitzenkandidat und Ihre Umfragewerte können es verkraften, dass die WählerInnen Ihre mangelnde Kooperation bei solchen TV-Auf-tritten grundsätzlich negativ beurteilen.
Selbst bei Arnold Schwarzenegger befürchteten sogar politische Freunde Arges, als er im September 2003 alle Debatten mit seinen politischen Mit-bewerbern bis auf eine ablehnte. Wie man weiß, hat der Terminator den Recall in Kalifornien dennoch haushoch gewonnen. Trauen Sie sich das auch zu?

Ansonsten ist es wichtig, dass Ihre BeraterInnen Einfluss auf die Spielre-geln einer solchen Konfrontation haben. Hier gilt es, glasklar mit den Vertretern Ihrer TV-Kontrahenten und den TV-Leuten selbst zu verhan-deln: Soll es einen Moderator geben oder sollen einige JournalistInnen Fragen stellen, sollen die Kontrahenten stehen oder sitzen, soll die Rede-zeit beschränkt werden und wenn ja, auf wie viel, soll Publikum im Saal sein und wenn ja, werden Fragen zugelassen, darf der eine Kontrahent den anderen direkt antworten oder attackieren oder muss das immer über den Puffer des Moderators laufen? Wann sollen die Diskussionen ausgestrahlt werden? Prime Time am Samstag, um sich in Konkurrenz zu Fußball oder Thomas Gottschalk zu begeben? Sicher nicht.

»Wenn Sie die Öffentlichkeit suchen, dürfen Sie sich nicht wundern, wenn Sie auch einmal Ohrfeigen abkriegen.« Philipp Mißfelder, CDU

Sind Sie bei spontanen Anlässen und im Gespräch mit den WählerInnen am überzeugendsten, dann werden Sie vermutlich ein Szenario, bei dem das Publikum seine Fragen an Sie stellt, präferieren. Sind Sie argumentativ eher schwach, werden Sie sich dagegen wehren, dass Ihr Kontrahent Sie direkt attackieren darf.

Und dann:
– Überlegen Sie sich, was Sie in Ihr Anfangs- und was Sie in Ihr Schluss-Statement packen!
– Spielen Sie alle nur denkbaren Fragen im Vorfeld durch und erarbeiten Sie mit Ihrer Crew die besten Antworten!

Die prophylaktische Vorbereitung für den Fall einer Krise
Was sollten Sie tun, um idealerweise nie in die »rue de la gack« zu gelangen?

• Potenzielle Krisenthemen identifizieren
Sie selbst wissen am besten, wo Sie angreifbar sind oder angegriffen werden könnten. Natürlich sind wir alle keine Propheten und niemand von uns wird jede potenzielle Krise erahnen können. Aber zu 90 % können Sie es.
Wenn Sie hier in der Analyse möglicher Herde nicht ganz offen und ehrlich sind, übersehen oder übergehen Sie heikle Punkte. Eine Aktion, die Sie irgendwann einmal sehr bereuen werden.

• Rollen definieren
Wer spricht denn zu welchem Krisenfall? Das muss nicht zwangsläufig immer Ihr Pressesprecher oder Sie sein, das könnten auch mal andere KollegInnen sein, die hier einspringen, weil man ihnen mehr Kompetenz dazu abnimmt oder weil das Thema von übergeordneter Bedeutung ist.
Um Tohuwabohus zu vermeiden, sollten Sie sich auf einen internen Krisenmanager einigen. Diese Person ist es auch, die durch ihre leibhaftige Kontinuität in den Medien währenddessen Stabilität und Sicherheit vermittelt.
Grundsätzlich ist die Krise Chefsache. Das heißt, je dramatischer die

Konsequenzen der Krise, desto weniger dürfen Sie sich hinter einer anderen Person vor JournalistInnen verstecken. Zielführend kann als Parallel-Maßnahme sein, dass Sie auch hier wiederum Hilfe von außen vorbereiten und im Vorfeld über Ihre Netzwerke auch externe potenzielle Ansprechpartner für die JournalistInnen im Falle der Krise definieren.

• Fragen- & Antwortenlisten zu den Krisenthemen erarbeiten
Wenn dann feststeht, wer im Fall x nach außen auftritt, müssen Sie mit Ihren MitarbeiterInnen und BeraterInnen darangehen zu klären, was überhaupt gesagt werden soll. In einem ersten Schritt antizipieren Sie alle möglichen Fragen. Und dann entwickeln Sie die vermutlich bestmöglichen Antworten. Folgende Kriterien machen es aus:

– Die Antworten müssen sprechbar sein. Viele Fragen- und Antwortlisten leiden darunter, dass sie geschriebene und nicht gesprochene Sprache darstellen. Oder anders gesagt: Würden manche in der Krise tatsächlich wörtlich das sagen, was auf diversen Listen vorbereitet wurde, dann wäre das Desaster noch größer. Denn die Schreibe klingt nun mal gestelzt, abgehoben und hirnlastig – alles Assoziationen, die Sie in der Öffentlichkeit unter keinen Umständen erzielen wollen.
– Das Wichtigste ist immer die Lösung oder Ihre Aktivität, die in Richtung Lösung führen soll. Das setzen Sie bitte immer und ausschließlich an den Anfang Ihres Statements. Je mehr konkrete Zeitangaben, Ziffern oder Namen von Verantwortlichen Sie nennen können, umso mehr Glaubwürdigkeit bekommt Ihre Aussage.
– Gleichfalls entscheidend ist, wie sehr Sie Betroffenheit über die Krise oder deren Konsequenzen vermitteln können. Human Touch ist hier gefragt. Das geht so weit, dass Sie bei Katastrophen, wo Menschen zu Schaden kommen, zur Stätte des Geschehens eilen müssen. Aber nicht, wie Vladimir Putin das im Herbst 2004 nach der Katastrophe in der Schule von Beslan tat, um nur mit JournalistInnen zu sprechen und dann wieder zu verschwinden, sondern privat um mit den Angehörigen zu reden, um Ihr Mitgefühl auszudrücken, um sich vor Ort einzubringen, um Ihre Leadership an Ort und Stelle anzubieten. Alles andere wird als reine PR-Aktion wahrgenommen und man wird Ihnen vorwerfen, aus den Problemen anderer politisches Kapital schlagen zu wollen. Das lassen Sie dann am besten gleich bleiben.
– Und noch etwas: Sprechen Sie allen Personen – Ihren eigenen Leuten oder auch anderen, die sich um die Behebung der Krise oder der Kata-

strophe kümmern – öffentlich Ihr Vertrauen aus. Es gibt für die Betroffenen wenig Motivierenderes und für alle anderen wirkt es besonders sympathisch.

Wenn Sie diese Aspekte in Ihren Fragen- und Antwortenlisten berücksichtigen, haben Sie einen Gutteil des Solls erledigt. Wenn Sie das Ganze dann auch noch mit einem Coach im Zuge eines Medientrainings üben, reihen Sie sich in die Reihe der besonders Professionellen ein.

• Einen organisatorischen Krisenplan erstellen
Definieren Sie intern, wer wann wie informiert wird und wer an welche Journalisten was in welcher Form kommunizieren muss.
Außerdem muss jeder auf diesem Plan rund um die Uhr erreichbar sein.
Am besten stellen Sie sich vor, die Krise tritt am Samstag um 17 Uhr ein. Machen Sie mal einen Blick auf Ihre Telefonnummern-Liste: Könnten Sie alle, die Ihnen dann helfen sollten, erreichen? Und wie wären Sie selbst verfügbar?

Liebe/r angehende/r politisch Aktive/r: Es ist de facto wie im Privatleben. Wer sich Goodwill erhofft, ohne die Kontakte vorher entsprechend gepflegt und sich ein konstruktives Image aufgebaut zu haben, kann Schiffbruch erleiden. Dies gilt für Journalisten-Beziehungen gleichermaßen wie für KollegInnen oder sonstige MeinungsführerInnen. Zu einer exzellenten Vorbereitung für die Krise gehört also auch, den Kontakt zu JournalistInnen in guten Zeiten nie abreißen zu lassen.

4. Die Umsetzung

»Die Medien können nicht etwas schreiben, was nicht von irgendwo daherkommt.« DI Uwe Scheuch, FPÖ

Die Pressekonferenz
Phase 1 ist der Smalltalk zu Beginn. Kommen Sie ein wenig früher, damit Sie alle persönlich begrüßen können, und sorgen Sie für eine angenehme Atmosphäre. Wichtig: Kein Wort über die Inhalte, die Sie gleich anschließend im offiziellen Setting kommunizieren werden.
Phase 2 betrifft das Statement als solches, das unabhängig von der Anzahl der ReferentInnen nicht länger als 20 Minuten dauern sollte. Ihr/e PressesprecherIn fungiert zumeist als ModeratorIn.
Phase 3 ist die Fragerunde, in der Sie auf die Gruppendynamik aufpassen

sollten. JournalistInnen sind eine kleine, verschworene Gemeinschaft, auch wenn sie von einander konkurrenzierenden Unternehmen kommen. Phase 4 ist erfahrungsgemäß die gefährlichste, kommen doch jetzt die KollegInnen einzeln auf Sie zu und stellen die besten Fragen. Glauben Sie also nicht, Sie sind toll, wenn Sie den offiziellen Teil gut hingekriegt haben. Für Sie ist der Event erst vorbei, wenn der/die letzte JournalistIn den Raum verlassen hat.

Das Interview
Ist das Interview von Ihnen ausgegangen, beginnen Sie mit einem kleinen vorbereiteten Statement. Hat der Journalist das Interview initiiert, fängt er/sie mit einer Frage an. Häufig sind die Einstiegsfragen sehr allgemein gehalten, was Ihnen die Möglichkeit gibt, ein Basis-Statement darzulegen. Grundsätzlich gilt aber in der Frage-Antwort-Situation: Je mehr es Ihnen gelingt, einerseits jede Frage des Journalisten kurz zu beantworten und dennoch im gleichen Atemzug auf ein für Sie wichtiges Thema überzuleiten, desto mehr gestalten Sie das Interview mit und kommen aus einer ansonsten fatalen Prüfungs- oder Verhörsituation heraus.

Die Krisenkommunikation
Worauf Sie akut ebenfalls achten sollten: Reden Sie nicht herum und verschleiern oder verharmlosen Sie nichts. Professionelle, souveräne Krisenkommunikation ist gekennzeichnet von Ehrlichkeit, Transparenz und Schnelligkeit. Bleiben Sie auch durch aktive Kommunikation am Ruder: Wer sich in die Defensive drängen lässt, läuft Gefahr, aus dieser Ecke nicht mehr herauszukommen. Scheibchenweises Zugeben von Problemen hat eine verheerende Außenwirkung. Genauso wie Sie irreführenden Spekulationen sofort durch entsprechende aktive Klar- oder Richtigstellungen eine Absage erteilen sollten.

»Es wäre gut, wenn einmal einer sagen würde: ›Ja, ich mache Fehler, ja, ich irre.‹ Die dauerhafte Selbstverleugnung macht einen fertig.« Dr. Christoph Kotanko, »Kurier«

Solange die Krise nicht beendet ist, werden Schuldzuweisungen an andere Ihrerseits negativ ausgelegt. Sie öffnen dadurch eine Front, die Sie im Fall x am allerwenigsten brauchen können.
Am öftesten vergessen Menschen in der Krise, dass die laufende interne Kommunikation mindestens so wichtig ist, wie die Öffentlichkeit à jour zu halten. Jede/r MitarbeiterIn, jede/r KollegIn kann und soll Ihr Botschafter nach außen sein.

	Politische Rede	Presse-Statement
Anfang	Effektvoller Einstieg wie z. B. Zitat Provokation persönliche Bemerkung rhetorische Frage akustische/visuelle Effekte Hauptbotschaft in Schlagzeilenform	Hauptbotschaft in Schlagzeilenform
Ende	Effektvoller Ausstieg (siehe oben)	• Hauptbotschaft in Schlagzeilenform • Angebot, für weitere Informationen zur Verfügung zu stehen (immer konstruktives Signal an Journalisten senden!)
Sprache	kurz, verständlich, prägnant bildhafte Vergleiche aktive Formulierungen bewusste rhetorische Pausen	ebenso (»Journalisten-Jargon«)
Sprechtempo	langsamer als normalerweise, Wechseln des Tempos	langsamer als normalerweise, Wechseln des Tempos ist zu dramatisch
Stimme	Wechsel laut – leise	Wechsel laut – leise ist zu dramatisch
Charts/Video	eher mehr	unüblich
Emotion	Ja!	Nein!
Körperhaltung	Im Stehen mehr Vorteile	Sitzend üblich
Authentizität	Ja!	Ja!
Interaktion mit dem Publikum	Ja, unbedingt	Ja, aber keine rhetorischen Fragen
Gestik/Mimik	Ja, selbstverständlich	Vorsicht vor der Kamera
Inhalt	Zukunftsaspekte durch Motivation des Publikums zu Aktivitäten	Zukunftsaspekte durch Forderungen oder Lösungen
Dauer	maximal 20 Minuten	maximal 7 Minuten

Spezialfall: elektronische Medien

In Deutschland und in Österreich informieren sich 50 % der Bevölkerung in Sachen Politik übers Fernsehen. Nur 28 % bzw. 20 % holen sich ihr einschlägiges Wissen aus den Tageszeitungen. Dennoch finden die meisten amtierenden PolitikerInnen und Funktionäre die Printmedien noch immer am wichtigsten und widmen ihnen mehr Aufmerksamkeit als ihrem TV- und Radio-tauglichen Auftritten.

Tun Sie das nicht.

Fernsehen und Hörfunk werden von allen Neulingen auf dem politischen Parkett besonders gefürchtet. Ist doch jeglicher Patzer sofort sicht- und hörbar. Letztlich ist auch hier eine gewisse Routine der beste Garant für das Beherrschen Ihres Lampenfiebers. Bis dahin beherzigen Sie am besten zusätzlich zu den schon dargestellten Spielregeln:

– Sprechen Sie langsamer und einfacher als sonst – Sie verhaspeln sich weniger und sind besser für Otto Normalverbraucher verständlich.

– Wiederholen Sie nie Negativformulierungen, die der Journalist in seine Frage hineingenommen hat.

– Schauen Sie immer den Journalisten an, sprechen Sie aber inhaltlich für die Leute, die zu Hause sitzen und zuschauen oder -hören.

– Je aggressiver der Journalist, desto höflicher werden Sie. Die Gunst des Publikums kippt dann zu Ihnen rüber.

– Kleiden Sie sich TV-tauglich: Idealerweise rote Jacken für Damen, rot gemusterte Krawatten für Herren, Frisuren und Brillen, die dort bleiben, wo sie anfangs waren, kein Schwarz, kein Weiß, keine kleinen Muster.

– Sind Sie sich bewusst: Sie können jederzeit im Bild sein – auch wenn Sie gerade nicht am Wort sind. Deshalb: Immer gerade sitzen, keine schweren Atmer, spüren Sie den Interviewtisch an Ihrem Bauch – denn dann sitzen Sie nach vorn gebeugt.

– Fahren Sie nie allein ins TV-Studio. Sie brauchen immer jemanden aus Ihrer Mannschaft, der/die Sie noch bis zuletzt berät, aufmuntert, überprüft, dass Ihr Haarschnitt sitzt, Ihnen im übertragenen Sinn die Hand hält (Sie brauchen diese Unterstützung auch, wenn Sie schon lang nicht mehr Neu-Einsteiger sind: Dann ist die Entourage, mit der Sie zu Live-Interviews oder -Diskussionen vorfahren, aber primär eine Machtdemonstration).

– Und apropos: Gehen Sie nicht ins Fernsehen, wenn Sie eigentlich nichts zu sagen haben.

»Kritiker, die keine Parlamentarier im Parlament sehen und dann schreiben, die leisten keine Arbeit, find ich affenblöd.« Dr. Heribert Prantl, »Süddeutsche Zeitung«

Der begeisternde Wahlkampf –
Wie inspiriere ich Menschen?

»*Man darf nie vergessen, genau zu erklären:* ›*Das tu ich für dich ganz persönlich, wenn du mich wählst.*‹ *Das muss ganz transparent nachvollzogen werden.*« *Bianca Gruner, DaimlerChrysler*

»Ich trete an« ist letztlich kein Handbuch für den politischen Wahlkampf, sondern eines für political Leadership für Neueinsteiger. Wenn Sie also speziell die Mechanismen von Wahlen lernen und hinter die Kulissen erfolgreicher Kampagnen blicken wollen, dann gibt es für Sie Spezial-Literatur (siehe Literaturliste).

Dennoch gibt es für Neo-PolitikerInnen folgende grundsätzliche, von Größe, Art und Inhalt eines Wahlkampfs völlig unabhängige Hinweise:

Zukunft vor Vergangenheit

»*Errungenschaften werden schnell als Selbstverständlichkeiten angesehen.*« *Bianca Gruner, DaimlerChrysler*

Es reicht nicht, wenn Sie Ihre Kampagne auf die Darstellung des Erreichten aufbauen. Es ist ein Irrglaube, zu meinen, durch die lückenlose Auflistung der Erfolge der Vergangenheit wäre den Notwendigkeiten eines Wahlkampfes Genüge getan.
Mitnichten.
Der Homo sapiens sapiens ist zu 99 % mehr an der Frage »Wie geht es weiter?« interessiert als an der Frage »Was hat stattgefunden?« Was noch vor uns liegt, beschäftigt uns mehr als das, was wir schon hinter uns gelassen haben.
Deshalb ist die Vision und Ihr Wille, sie zu erreichen, so wichtig.

Achten Sie darauf, in Ihren Auftritten der Zukunft immer a) mehr Stellenwert einzuräumen als der Vergangenheit und b) ihr außerdem den ersten Platz zu geben und Zurückliegendes nachzureihen. Die Aufmerksamkeit der Menschen konzentriert sich immer auf das, was Sie als Erstes kommunizieren – im Zweifelsfall können Sie hier mit Ideen für die nächsten Jahre mehr punkten, als sich »einfach« nur auf die Brust zu klopfen und von den glorreichen Taten der letzten Jahre zu sprechen.

Schaffen Sie sich proaktiv Ausgleich

»Es ist schlecht, wenn man als Person nicht mehr seine Reserven hat, sein Hobby oder Zeit für sich. Dann fängt man nämlich an, Papier zu sprechen.« Dr. Michael Reusch, Ärztekammer Hamburg

Ist schon der normale Alltag in Ihrem neuen Leben phasenweise zu viel des Guten, werden Stress und eine Maximalfrequenz an Kontakten und Angriffen während eines Wahlkampfes zum Dauerzustand. Wenn Sie sich hier nicht seelisch und körperlich gegen Einbrüche von vornherein absichern, dann schaden Sie nicht nur sich selbst, sondern auch der Organisation, für die Sie antreten. Kranke oder ausgelaugt wirkende Kandidaten sind im Fernseh-Zeitalter alles andere als ein gutes Motiv. Weniger erfahrene Kampagnen-Manager unterschätzen diesen Faktor oft und versuchen – was prinzipiell ja auch ihr Job ist – Sie mit aller Kraft, je näher der Tag der Entscheidung rückt, noch einmal und noch einmal auf eine Wahlkampfbühne oder in ein Fernsehstudio zu zerren. Berühmtestes Beispiel dazu: Richard Nixon, der 1960 das Rennen gegen John F. Kennedy nachweislich auch aufgrund seines schwachen Auftritts bei den mittlerweile legendären Fernsehdebatten verloren hatte. Nixon kämpfte gegen eine Grippe, der Schweiß rann ihm übers Gesicht, sein Teint war fahl. JFK hingegen wirkte wie die Jugend in Person. Alle, die die beiden damals nur übers Radio gehört hatten, waren der Meinung, Nixon hatte gewonnen, weil er argumentativ stärker zu sein schien. Aber alle, die vor den Bildschirmen gesessen waren, gaben dem Senator aus Massachussetts den Zuschlag.

»Es besteht die Gefahr, sich auf ungesunde Art und Weise zu verausgaben.« Silvia Fuhrmann, ÖVP

Entspannungs- und Konzentrationsübungen, die Fähigkeit, an allen Orten und in jeder Position schlafen zu können, und leichtes, aber wohlschmeckendes Essen sind hier ein guter Tipp. Achten Sie auch darauf, sich Rückzugsmöglichkeiten einzubauen – Situationen, wo Sie allein sind oder gut abgeschirmt vom Wahltross à la Meditations- oder Coachingstunden oder Massagen auf Wahlkampftouren. Ununterbrochen auf Hochdruck zu laufen und von aufgeregten Menschen umgeben zu sein, ist für niemanden eine produktive, energetisch positive Voraussetzung.

Wählen Sie eine Kampagne, die zu Ihnen passt
Wenn Sie nicht der Spitzenkandidat sind, können Sie bei der Auswahl der Kampagne sowieso nur marginal mitreden. Aber wenn es primär um Ihr Konterfei geht, das da von tausenden Wänden und Millionen Fernsehbildschirmen auf die Menschen runterlachen soll, dann sehen Sie zu, dass Sie authentisch wirken. Wenn nämlich der Strahlemann/die Strahlefrau am Plakat – also Sie! – durch das Aufnahmesujet oder den dazugehörigen Slogan ein völlig anderes Bild transportiert als jenes, für das Sie stehen, dann haben Sie ein Problem. Dann müssen Sie nämlich allein für die Übereinstimmung von suggeriertem Bild und Ihrer tatsächlichen Persönlichkeit zusätzlich Kraft und Energie aufwenden, die Ihnen dann woanders mit Sicherheit fehlt.

Damit hier kein Missverständnis passiert: Es geht nicht um Geschmack. Es geht nicht darum, ob Sie sich auf einem Foto hübsch oder weniger hübsch finden. Dazu haben Sie ja Profis, die Sie hier beraten und denen Sie diesbezüglich vertrauen sollen. Was hier gemeint ist, ist das Überstülpen von aus der Luft oder den Ergebnissen irgendwelcher Meinungsumfragen gezauberter Werte oder Themen, mit denen Sie nachweislich nicht nur nichts am Hut hatten, sondern auch nichts am Hut haben werden. Was die Berater hier vielfach übersehen: Sie sind der Frontman oder die Frontwoman. SIE müssen diese Werte, Themen, Botschaften glaubwürdig kommunizieren und nicht die Berater. Und wenn Sie etwas nicht glaubwürdig kommunizieren können, dann nutzt der schönste Slogan oder die kreativste Idee nichts.
Das Gleiche gilt übrigens für Attacken gegen Ihre Mitbewerber. Wenn Sie damit generell oder mit einer bestimmten Form des Rundumschlags nichts anfangen können, dann sollten Sie es auch nicht tun.

Finden Sie also gemeinsam mit Ihren BeraterInnen einen Weg,
• aktuelle Bedürfnisse der WählerInnen,
• eine klare Differenzierung zu Ihren Mitbewerbern
• und Ihre eigenen Werte und Visionen
in Einklang zu bringen und in eindeutiger, plakativer Weise bildlich wie

verbal zu kommunizieren. Konzentrieren Sie sich auf drei Kardinal-Botschaften – und sind Sie firm mit Beispielen und griffigen Details dazu. Das ist wesentlich sinnvoller, als zu jedem Thema eine oberflächliche und damit stereotype Meinung zu haben, die sowieso nur Ihrer Glaubwürdigkeit schadet.

Und wenn Sie das haben, dann leben, dann verkörpern Sie bitte von Kopf bis Fuß Ihre Kampagne.

»Mein Vorsatz ist immer, bis zur nächsten Wahl müssen die Menschen wissen, wer ist Eberhard Otto, was hat er für uns getan und was wird er für uns noch tun.« Eberhard Otto, FDP

Setzen Sie auf eine positive Kampagne
Selbst in den USA sind es die Menschen bereits leid, in deutschsprachigen Landen fanden es die meisten sowieso immer schon niederträchtig: Negative Campaigning im Sinne von rollenden Frontalangriffen auf die politischen Kontrahenten, wenn a) keinerlei eigene Ideen oder Vorschläge in Sicht waren und wenn b) die Angriffe ins Privatleben der PolitikerInnen hineinspielten.
Kritisieren Sie also nach Herzenslust, wenn Sie Kritikwürdiges bei Ihren politischen Gegenüber finden. Übersehen Sie dabei aber nicht, dass Ihre eigenen Anschauungen, wie man es besser machen könnte, dadurch unter den Tisch fallen könnten. Standes-, Interessen- und ParteipolitikerInnen, die infolge heftiger Attacken Missstände aufdecken oder einen Reformschub initiieren, können kurzfristig extrem erfolgreich sein. Haben Sie aber vor, mittelfristig oder gar für ein paar Jahre auf der politischen Bühne zu bleiben, dann ist Aufdecken, Kritisieren, Attackieren allein nicht genug. Damit gewinnen Sie ProtestwählerInnen, aber wenige aus wirklicher Überzeugung, dass es mit Ihnen besser weiterginge. Damit riskieren Sie sogar, dass die Wahlbeteiligung sinkt, denn unsere Kultur wendet sich im Zweifelsfall von Dauer-Kritikern eher ab als zu. (Vielleicht ist Ihnen ja auch die Wahlbeteiligung egal, Hauptsache, Sie gewinnen – aber falls nicht ...)

Perfektionieren Sie die interne Kommunikation und Organisation
Abstimmung ist die halbe Miete. Immer, aber besonders in stressigen Wahlkampfzeiten, in denen noch dazu die Konkurrenz wie die Medien besonders sensibel auf Koordinationsschwächen reagieren, ist die interne Kommunikation und die interne Organisation elementar.
Ob in Ihren Jours fixe, per E-Mail oder durch rundum verteilte Maßnah-

menpläne: Jede/r in Ihrem Team sowie die wesentlichen Personen im Headquarter – auf Funktionärsebene und in der Presseabteilung – müssen von Ihren Aktivitäten während des Wahlkampfs wissen. Am besten machen Sie eine eigene Person für die Organisation Ihrer Termine und die entsprechende Kommunikation dieser Daten nach innen verantwortlich. Es ist sonst nur schwer möglich, den Überblick zu bewahren, die laufenden, sich ständig ändernden Aktivitäten nicht durcheinander zu bringen und Ineffizienzen oder Frustration zu verhindern.

Widmen Sie dem Fernsehen Platz und Zeit

Es ist eben so: TV wird auch in Europa für Wahlkämpfe immer wichtiger, obwohl da und dort noch immer klassische Fernsehspots, wie sie der angloamerikanische Raum kennt, verboten sind.
Die Wege, die Sie hierzulande beschreiten müssen, um ins Fernsehen zu kommen, sind daher viel eher:
• über Interviews,
• über Mitschnitte bei diversen Auftritten oder medienwirksamen Aktivitäten von Ihnen,
• über die Teilnahme an Diskussionen,
• über TV-Konfrontationen mit Ihren Kontrahenten,
• neuerdings: über Auftritte in Shows, Serien oder Spielfilmen.

Am besten gehen Sie davon aus: Wo immer Sie hingehen und was immer Sie im Laufe eines Wahlkampftages zu tun gedenken – das Fernsehen kann überall auftauchen. Egal, ob von Ihren Presseleuten bestellt oder nicht. Bereiten Sie sich am besten so vor, dass Sie immer ein Kurzstatement abgeben können.

Zerfleischen Sie sich nicht, wenn was daneben geht

Sie können sich gleich eines abschminken: Dass Sie bei all dem Druck, bei all dem Tempo und bei all der Wichtigkeit eines Wahlganges fehlerfrei bleiben.
Irgendwann einmal werden Sie keine oder zu wenig Zeit finden, sich auf einen Auftritt vorzubereiten, irgendwann werden Sie mal abgekämpft und ausgelaugt aus der Wäsche schauen, irgendwann werden Sie mal gegenüber MitarbeiterInnen laut, irgendwann vergessen Sie einfach, eine/n KollegIn über eine geplante Maßnahme zu informieren.

Für interne Lapsus gilt: Predigen Sie gleich ganz zu Beginn des Wahlkampfs intern Verständnis für derartige Fehler. Nehmen Sie dadurch ganz bewusst für sich und alle anderen MitstreiterInnen ein bisschen den

Druck raus. Und wenn es doch passiert, dann möge niemand ausrasten und den/die andere/n aufs Wüsteste beschimpfen, sondern der/die Verursacher tut/tun gut daran, sich sofort zu entschuldigen und sich um Wiedergutmachung zu kümmern.

Für externe Lapsus gilt: Manche merkt niemand außer Sie und Ihre Crew. Denn nur Sie wissen, wie Ihr Auftritt, wie Ihre kleine Rede, wie Ihr Interview hätte sein können.

Und wenn Sie krank sind und unbedingt trotzdem aufs Podium wollen oder glauben zu müssen, dann sagen Sie, dass Sie krank sind. Die Menschen haben Verständnis. Wenn's aber keiner weiß, dann wundern sich nur alle und Sie haben eine schlechte, ungesteuerte Nachrede. Denken Sie an Nixon. Wenn Sie wissen, das Fernsehen kommt dazu, dann sagen Sie entweder ab oder Ihre PresseberaterInnen bringen es zustande, dass die Kameraleute Ihren erbarmungswürdigen Zustand nicht durch Kamerastellung oder Beleuchtungseffekte betonen.

Gehen Sie nie allein wohin. Dann kann Ihnen auch immer jemand aus Ihrem Team zu helfen versuchen – vorher, währenddessen oder anschließend.

Fazit: Selbst schlimme Dinge – so sie ein Einzelfall bleiben – prägen sich zwar ins Gedächtnis der Menschen ein, haben aber auf die Wahl selbst oft gar nicht den Einfluss, den Sie im ersten Adrenalin-Schock für möglich halten:

George W. Bush sagte 2000 im Anschluss an eine Pressekonferenz zu seinem Nachbarn auf der Bühne:»Look, over there is the asshole from the ›New York Times‹.« Bedauerlicherweise hatte er im Stress übersehen, dass die Mikrofone noch eingeschaltet waren. Nicht nur die Anwesenden, sondern auch Hunderttausende Zuschauer von CNN konnten diesen Fauxpas damals live miterleben.

Monate später war er trotzdem der 43. Präsident der Vereinigten Staaten.

Ein schlechtes Beispiel? O. k. Sie haben Recht. Denn wer hat schon einen ehemaligen Präsidenten zum Vater.

»Man darf sich bei Wahlkämpfen nie sicher sein.« Mike Mohring, CDU

Schlusswort

*»Ich glaube nicht, dass es die perfekte menschliche Gesellschaftsord-
nung gibt, es ist eine ständige Arbeit am Weinberg.« Alexander Graf
Lambsdorff, FDP*

»Und was tun wir jetzt?«, fragte Robert Redford, nachdem er als neuer
Herausforderer einen zermürbenden, emotionalen Wahlkampf für das
Amt des Governors im Film »Der Kandidat« aus dem Jahr 1967 gewon-
nen hatte.
So soll und so wird es Ihnen hoffentlich nicht ergehen. Sie sollen nicht am
Ende Ihrer erfolgreichen Kampagne dasitzen, sich verlegen am Kopf
kratzen und zu Ihren engsten BeraterInnen sagen: »Super. Wir haben die
anderen geschlagen. Und wie geht's jetzt eigentlich weiter?« Denn für Sie
war und ist nicht nur das Spiel um die Macht, das Gewinnen als solches
Motivation und Ansporn, sondern Ihre Ziele, Ihre Ideen, Ihre Positionen,
Ihre Werte.

So schaut zumindest die ideale heile Welt in der Standes-, Interessen- und
Parteipolitik aus. Das ist die Messlatte. Ihre Messlatte, wenn Sie über Political Leadership sprechen wollen und in der oberen Liga derer mitspielen wollen, über die die Menschen sagen: »Oh, großartig, dass jemand wie
er/sie in die Politik gegangen ist!« oder »Ach, wie schade, dass es nicht
mehr wie ihn/sie in der Politik gibt!«
Sie, liebe angehende Politikerin, lieber Neo-Funktionär, können einiges
tun, um das Image Ihrer Tätigkeiten zu verändern, um den Ruf, der dem
politischen Leben und Treiben anhaftet, zu verbessern. Aber Sie können
es nicht allein. Bei aller Wertschätzung und bei aller Euphorie für die
Kraft des Individuums: Wollen wir wirklich eine mittelfristige Verbesserung in der Partei-, Standes- und Interessenpolitik erreichen, dann bedarf
es zusätzlich zu vorbildhaften Einzelinitiativen einiger Schritte mehr.

Das Fazit nach mehreren Jahren Coachingerfahrung, einem Postgraduate
in den USA und 27 Interviews mit Neu-Einsteigern ist: Leadership wird
durch Routine gefährdet. Die Begeisterung für Veränderung, die Standfestigkeit in kritischen Situationen und der feste Wille, das Allgemeinwohl vor die Eigeninteressen zu stellen, schwinden, je länger man dasselbe Amt innehat. Die Kraft lässt nach, die Einsatzbereitschaft auch, der
Mangel an neuen Herausforderungen lässt abstumpfen. Political Leadership wird bei einem Zuviel an Routine besonders gefährdet: Dort, wo
man dauernd im Mittelpunkt der Öffentlichkeit steht, wo die Versuchun-

gen der Macht ständig greifbar sind, wo die Preisgabe eines Großteils des Privatlebens Tribut verlangt, ist das Risiko, nicht mehr das Beste leisten zu können, überdurchschnittlich.

Was können wir tun, um das systematische Abgleiten von idealistischen Neu-Einsteigern, wie Sie es sind, in die Niederungen dessen zu verhindern, was so viele Menschen heutzutage Politik- und Politiker-verdrossen macht? Wahrscheinlich nichts, was 100%ig ist. Das müssen wir wohl als Teil einer unvollkommenen Welt akzeptieren. Doch drängen sich einige Wege auf, die zu beschreiten oder zumindest zu beginnen sich lohnen könnte:

1. Die Dauer von Politiker-Karrieren begrenzen

»Dieses Modell, dass Leute nichts anderes tun außer Politik zu machen – Berufspolitiker von der Wiege bis zur Bahre –, das ist schädlich.« Alexander Graf Lambsdorff, FDP

»Das Schlimmste sind für mich Berufspolitiker.« DI Uwe Scheuch, FPÖ

»Nach 10 Jahren soll man was anderes machen, durchaus außerhalb der Politik.« Dr. Gerhard Seifried, SPÖ

»Das Wichtigste ist in der Politik, dass man weiß, wann es Zeit ist, zu gehen.« Marie Ringler, Die Grünen

»Es soll keiner auf Lebzeit Politiker sein. Die Halbwertzeit liegt zwischen 10 und 15 Jahren, dann ist es der Selbstausbeutung genug.« Mag. Siegfried Nagl, ÖVP

»Ich halte das immer für schlecht, wenn man glaubt, man könnt's nur selbst. Dann wird das ein Job wie jeder andere.« Dr. Michael Reusch, Ärztekammer Hamburg

»Meine Idee ist, es würde alle 8 Jahre gewählt werden und alle 4 Jahre wechselt die Hälfte raus und nach 8 Jahren scheidest du selbst aus. Und in den 8 Jahren wird richtig Geld gezahlt, damit die sich die Altersversorgung aufbauen können und die Rentendiskussionen weg sind.« Eberhard Otto, FDP

»Wenn man 20 bis 30 Jahre das gleiche macht, dann wird man überall nicht besser. Man verschließt sich gegenüber Neuem. Aber das ist grundsätzlich ein Problem: Wie man sein Leben organisiert.« Kordula Schulz-Asche, Bündnis 90 – Die Grünen

Was würde passieren, wenn sich Partei-, Standes- und InteressenpolitikerInnen vor oder nach der politischen Karriere auch außerhalb ihrer Bewegung bewähren müssten?
Wäre der Ansporn, die begrenzte Zeit der politischen Karriere zu nutzen, höher?
Wäre die mentale wie körperliche Kraft und Dynamik der einzelnen Akteure größer?
Würde das Verständnis für die WählerInnen und ihre Bedürfnisse zunehmen?
Ginge die Politik der verbrannten Erde zurück, weil man auch ein Leben danach hätte?
Wäre die Herangehensweise an Problemstellungen praxisnäher?
Hätte Veränderungsresistenz weniger Chance?
Verlören Seilschaften ihre jahrzehntelange Dominanz?
Brächte die Fluktuation frischen Wind ins Geschehen?
Fühlten sich mehr Menschen mit politischer Begabung motiviert, einzusteigen?

Derzeit ist in Deutschland wie in Österreich gerade nur jenes Amt zeitlich limitiert, das am wenigsten konkrete Macht in sich vereint: das Amt des Bundespräsidenten. Alle anderen politischen Funktionen sind unbeschränkt ausübbar. Aufgrund des Listenwahlrechts bleibt den WählerInnen außerdem der direkte Einfluss auf Wahl oder Abwahl vieler Kandidaten versagt. Demokratisch?

Doch:
• Wie verhindert man, dass die Beamten, die jahrzehntelange Erfahrung aufweisen, den neuen Kurzzeit-PolitikerInnen fachlich um Lichtjahre überlegen sind und zu den wahren Regierenden werden?
• Wie unterstützt man ausscheidende PolitikerInnen, die Rückkehr in einen »zivilen« Beruf zu schaffen?
• Wie hält man die finanzielle Abgeltung auch für Quereinsteiger attraktiv?

»Das größere Problem ist, dass in der Politik kaum mehr jemand in der Lage ist, einen anderen Beruf auszuüben. Denn selbst wenn sie was Anständiges gelernt haben – was für mich eine Grundvoraussetzung

ist –, müssen die ja auf dem Laufenden bleiben. Und das ist schwierig.«
Dr. Werner Perger, »Die Zeit«

2. Professionalität der PolitikerInnen steigern

Was würde passieren, wenn alle, die sich politisch betätigen, ein Mindestmaß an einschlägiger Ausbildung – Leadership, Kommunikation, emotionale Kompetenz – haben müssten?
Würden weniger strategische Fehler passieren?
Gingen Skandale und medienwirksame Fälle von Dilettantismus zurück?
Würde das zu einem höheren Verantwortungsbewusstsein führen?

Momentan sind sämtliche Ausbildungs- oder Coaching-Agenden auf freiwilliger Basis. Niemand kann zur Teilnahme an einem dieser Angebote gezwungen werden. Die Qualifikation eines Partei-, Standes- oder Interessenvertreters wird durch dessen/deren Wahl indirekt akzeptiert.

Doch:
• Ist es möglich, demokratisch gewählte VertreterInnen überhaupt zu verpflichten?
• Wenn alle ausgebildet wären, würden sich die heutigen Gegensätze nicht dadurch wieder ganz genauso einstellen – nur auf einem höheren Niveau?
• Welche neuen Probleme stünden uns dann ins Haus?

3. Kommunikations- und Medienunterricht als Pflichtfach einführen

Was würde passieren, wenn die nächste Generation von WählerInnen zu kritischeren Geistern erzogen würden?
Würde sich die Qualität unseres Umgangs miteinander verbessern?
Würden professionelle Konfliktlösungsmodelle ganz natürlich zu täglichen Werkzeugen für unser privates wie berufliches Leben avancieren?
Hätten wir mehr Einblick in Macht und Möglichkeiten der Medien?
Würden wir uns auf Basis dieser neuen emotionalen Kompetenzen trauen, öfter die Stimme zu erheben und die Partei-, Standes- und Interessenpolitik häufiger fordern?
Käme es zu einer neuen Kultur der differenzierten Auseinandersetzung?
Könnten wir als Gesellschaft mehr Vorbilder für Leadership entwickeln?
Stiege das Interesse an der Res publica wieder und damit auch die Wahlbeteiligung?

»Von denen, die die Kultur prägen, muss die Ermutigung ausgehen. Über Vorbildfiguren, die sich durchsetzen und andere fördern. Derzeit passiert oft genau das Gegenteil: Führer eliminieren Leute, die über den Rasenschnitt hinausragen.« Dr. Werner Perger, »Die Zeit«

»Das alleroberste Gebot an die Bürger ist mitmachen, die eigenen Interessen zu vertreten, die Stimme zu erheben! Wenn sich die Mehrheit selbstbewusst äußert, dann kann auch ein Politiker die Augen nicht verschließen.« Bianca Gruner, DaimlerChrysler

Derzeit steht ein Unterrichtsfach, das Kommunikation, emotionale Kompetenz und Medienkunde behandelt, da und dort zur Wahl oder ist vereinzelt in einen Schulversuch integriert. Auf breiter nationaler Ebene gibt es keine generelle Aufnahme eines Lehrstoffs in den Lehrplan, der unsere Kinder und Jugendlichen auf ein Leben im Medien-Zeitalter vorbereitet.

Doch:
• Welches Unterrichtsfach wird – davon ausgehend, dass die wöchentliche Stundenanzahl nicht erhöht wird – für das neue zurückgedrängt?
• Woher sollen die Lehrer mit dem neuen Know-how kommen?

Wird es in den nächsten Jahren zu einer dieser Entwicklungen kommen? Nun, lieber Jung-Politiker, liebe Neo-Funktionärin: Eine Ihrer Hauptaufgaben ist es, den Menschen die Angst vor der Veränderung zu nehmen. Das ist in deutschsprachigen Landen eine der größten Herausforderungen überhaupt.

»Jede Änderung ist bei uns angstbesetzt. Das Leben wird nicht als etwas Schönes, Gestalterisches empfunden.« Dr. Michael Reusch, Ärztekammer Hamburg

Information und Kommunikation sind die wesentlichen Bestandteile, die Vertrauen schaffen und mit denen Sie die Angst bekämpfen können. Sie selbst, liebe Jung-Politikerin, lieber Neo-Funktionär, sollten aber hier als Vorbild vorangehen. Denn wenn Sie selbst Veränderung als etwas Schreckliches erleben und jeden Wechsel für ein zu verhinderndes Problem sehen, wieso sollen dann Ihre WählerInnen, Mitglieder, KollegInnen oder MitarbeiterInnen Veränderung gut finden?

Sie sind das Vorbild, das Veränderung weiter bringt. Das zeigt, dass Veränderung neue Chancen in sich birgt. Dass Veränderung inspiriert. Ihre eigene Flexibilität und Beweglichkeit wird zum Gradmesser.

In jedem Fall:
Wir stehen vor einem großen Paradigmen-Wechsel.
Eine neue Form von Politik und Politik-Auffassung könnte möglich werden.

Sind Sie dabei?

Adressen

Renner-Institut
Politische Akademie der österreichischen
Sozialdemokratie
Khleslplatz 12, 1120 Wien
Tel.: 0043/1/804 65 01-0
www.renner-institut.at

Modern Politics
Politische Akademie der ÖVP
Tivoligasse 73, 1120 Wien
Tel.: 0043/1/814 20-0
www.modernpolitics.at

Freiheitliche Akademie
Theobaldgasse 19, 1060 Wien
Tel.: 0043/1/512 35 35-0
www.f-akademie.at

Bundesbüro der Grünen Bildungswerkstatt
Neubaugasse 8, 1070 Wien
Tel.: 0043/1/526 91 11
www.gbw.at

WIFI Österreich
Wirtschaftsförderungsinstitut der gewerblichen Wirtschaft
Wiedner Hauptstraße, 1045 Wien
Tel.: 0043/1/50105-0
www.wifi.at

VÖGB
Verband Österreichischer Gewerkschaftlicher Bildung
Hohenstaufengasse 10–12, 1010 Wien
Tel.: 0043/1/53444-0
www.voegb.at

Friedrich Ebert-Stiftung (SPD)
Godesberger Allee 149, 53175 Bonn
Tel. 0049/228/883-0
www.fes.de

Bundeszentrale für politische Bildung
(CDU)
Adenauerallee 86, 53113 Bonn
Tel.: 0049/1888/515 0
www.bpb.de

Hanns Seidel-Stiftung e.V. (CSU)
Lazarettstraße 33, 80636 München
Tel.: 0049/89/1258-0
www.hss.de

Politische Bildung – Das Informationsportal zur politischen Bildung
www.politische-bildung.de

Friedrich Naumann-Stiftung (FDP)
Karl-Marx-Straße 2, 14482 Potsdam
Tel. 0049/331/7019-0
www.fnst.de

Grüne Akademie/Heinrich Böll Stiftung
Hackesche Höfe, Rosenthaler Straße 40/41,
10178 Berlin
Tel.: 0049/30/28534-0
www.gruene-akademie.de

DGB Bildungswerk
Hans-Böckler-Straße 39, 40476 Düsseldorf
Tel.: 0049/211/4301-120
www.dgb-bildungswerk.de

Literatur

»Miteinander reden«, Friedemann Schulz von Thun, Bd. 1–3, Rowohlt, 1998.
»Die Neurosen der Chefs – Die seelischen Kosten der Karriere«, Jürgen Hesse/Hans Christian Schrader, Eichborn, 1994.
»Politik-Medien-Wähler – Wahlkampf im Medienzeitalter«, Matthis Machnig (Hrsg.), Leske + Budrich, 2002.
»Moderner Wahlkampf – Ein Blick hinter die Kulissen«, Thomas Berg (Hrsg.), Leske + Budrich, 2002.
»Politische Kommunikation in Österreich«, Fritz Plasser (Hrsg.), Facultas, 2004.
»Das österreichische Politikverständnis«, Fritz Plasser/Peter Ulram, Facultas, 2002.
»Globalisierung der Wahlkämpfe – Praktiken der Campaign Professionals im weltweiten Vergleich«, Fritz Plasser/Gunda Plasser, Facultas, 2003.
»Der Idealstaat – Die politischen Theorien der Antike«, Alexander Demandt, Böhlau, 2000.
»Joschka Fischers Pollenflug and andere Spiele der Macht – Wie Politik wirklich funktioniert«, Elisabeth Niejahr/Rainer Pörtner, Eichborn, 2002.
»Die Torheit der Regierenden«, Barbara Tuchman, Fischer, 2001.

Englisch
»Credibility – How Leaders gain and lose it, why people demand it«, James M. Kouzes / Barry Z. Posner, Jossey-Bass, 2003.
»Leadership in organizations«, Gary Yukl, 5th edition, Prentice-Hall, 2002.
»The impact of women in public office«, Susan J. Carroll Ed., Indiana University Press, 2001.
»The 48 Laws of Power«, Robert Greene, Penguin, 2000.
»You are the message – Getting what you want in being who you are«, Roger Ailes, Doubleday, 1995.
»Leadership without easy answers«, Ronald A. Heifetz, Harvard University Press, 2002.
»Coming to public judgement – Making democracy work in a complex work«, Daniel Yankelovich, Syracuse University Press, 1991.
»Ethics – The Heart of Leadership«, Joanne B. Ciulla, Praeger Publishers, 1998.
»Running for an Office – The Strategies, Techniques, and Messages Modern Political Candidates Need to Win Elections«, Ronald A. Faucheux, M. Evans & Company, 2002.
»Profiles in courage«, John F. Kennedy, Perennial, 2000.

Kurzbiografien der Interview-PartnerInnen

Bisanz, Harald Dr.
Präsident der Rechtsanwaltskammer Wien. Gewann 2002 die erste Kampfabstimmung in der Geschichte der Kammer gegen den amtierenden Präsidenten. Rechtsanwalt in Wien. www.bisanz.info

Bürger, Margarete
Betriebsrätin seit 2004, Österreichische Volkshilfe. www.volkshilfe.at

Echerer, Mercedes
Die Grünen. 1999–2004 EU-Abgeordnete in Brüssel. Schauspielerin (vor 1999 und seit 2004). www.mercedes-echerer.at

Fuhrmann, Silvia
ÖVP. Mit 22 Jahren jüngste Abgeordnete zum Nationalrat, Burgenland. Bundesobfrau der Jungen ÖVP, Mitglied des ÖVP-Bundesparteivorstands. www.silviafuhrmann.at, www.junge.oevp.at

141

Gruner, Bianca
Mit 25 Jahren 2002 als jüngste Betriebsrätin bei DaimlerChrysler/Sindelfingen gewählt. Mitglied der IG Metall. www.daimlerchrysler.de

Kirchhoff, Arndt G.
Vorsitzender des Mittelstandsausschusses im BDI und VDA. Geschäftsführender Gesellschafter der Kirchhoff-Gruppe. www.kirchhoff-gruppe.de

Kotanko, Christoph Dr.
Chefredakteur »Kurier«. www.kurier.at

Lambsdorff, Alexander Graf
FDP. Seit 2004 im Europaparlament. Seit 2001 Mitglied im FDP-Bundesvorstand. Historiker und Diplomat.

Lührmann, Anna
Bündnis 90 – Die Grünen. Mit 21 Jahren und seit 2002 jüngste Abgeordnete im Deutschen Bundestag, Berlin. www.anna-luehrmann.de

Marks, Caren
SPD. Mitglied des Deutschen Bundestags, Berlin, seit 2002. Seit 1998 Parteimitglied. Vorher Familienfrau, Diplomgeografin. www.caren-marks.de

Miklautsch, Karin Mag.
Von der FPÖ im Juni 2004 als erster weiblicher Justizminister Österreichs nominiert. Vorher Beamtin der Kärntner Landesregierung.

Mißfelder, Philipp
CDU. Bundesvorsitzender der Jungen Union Deutschlands, Jahrgang 1979, gehört seit seinem 20. Lebensjahr dem CDU-Bundesvorstand als jüngstes Mitglied an. www.junge-union.de

Mohring, Mike
CDU. Seit 1999 Mitglied des Landtags in Thüringen. www.mikemohring.de

Nagl, Siegfried Mag.
ÖVP. Jüngster Stadtrat, jüngster Bürgermeister von Graz. Seit 1997. www.stadt.graz.at

Otto, Eberhard
FPD. Mitglied des Deutschen Bundestags seit 2002. Vorher Unternehmer in Mecklenburg-Vorpommern. www.eberhard-otto.de

Pelinka, Peter Dr.
Chefredakteur »News«. www.news.at

Perger, Werner A. Dr.
Politischer Korrespondent »Die Zeit«, Berlin. www.zeit.de

Prantl, Heribert Dr.
Ressortchef Innenpolitik »Die Süddeutsche Zeitung«. www.sueddeutsche.de

Reusch, Michael Dr.
Präsident der Ärztekammer Hamburg seit 2002. www.aerztekammer-hamburg.de

Ringler, Marie
Die Grünen. Abgeordnete zum Wiener Gemeinderat und Landtag seit 2001. Vorher Kultur-Managerin. www.marieringler.at

Rudas, Laura
SPÖ. Mit 22 Jahren 2001 jüngste Abgeordnete zum Wiener Gemeinderat. www.spoe.at

Rust, Ingo
SPD. 2003: Mit 25 Jahren Eintritt als jüngstes Mitglied in den Landtag von Baden-Württemberg. www.ingo-rust.de

Scheuch, Uwe DI
FPÖ. Seit 2004 Generalsekretär, seit 2003 Abgeordneter zum Nationalrat, Wien. www.fpoe.at

Schulz-Asche, Kordula
Bündnis 90 – Die Grünen. 1983 Einzug in den Berliner Landtag als jüngstes Mitglied. 1985–1998 NGO-Tätigkeiten in Afrika, 1998 Rückkehr nach Deutschland, seit 2003 Mitglied des Hessischen Landtags. www.schulz-asche.de.

Seifried, Gerhard Dr.
SPÖ. Seit 1998 Bürgermeister der Stadtgemeinde Wolfsberg in Kärnten. Ehemaliger Pressesprecher der SP Kärnten, ehemaliger ORF-Journalist. www.wolfsberg.at

Wolf, Armin Mag.
Anchorman ORF ZIB 2. www.orf.at

Zwazl, Sonja KR
Seit 2000 Präsidentin der Wirtschaftskammer Niederösterreich, seit 2002 Mitglied des Bundesrats, ÖVP. Unternehmerin. www.wko.at/noe

Dr. Regina Maria Jankowitsch

www.jankowitsch.at

Geb. 1965. Studierte als erster deutschsprachiger Coach »Political Leadership« an der George Washington University/Graduate School of Political Management in Washington D. C. (2003–2004). Erhielt als erste Frau den Walter-Nettig-Preis für das erfolgreichste Jung-Unternehmen Wiens (2002). Lektorin an der Universität Wien/Institut für Publizistik/Universitätslehrgang für Öffentlichkeitsarbeit. Selbständig seit 1999 als Coach und Kommunikationstrainerin für Spitzenpolitiker und Top-Manager.

Publikationen:

»K. & k. Eitelkeiten – Mode und Uniformen unter Kaiser Franz Joseph«, erschienen bei Ueberreuter, Wien, 1997.

»Im Rampenlicht der Börse – Mit Charisma zum Erfolg«, erschienen bei FAZ-Buchverlag, Frankfurt, 2001.

Jankowitsch ist promovierte Historikerin und Politologin und startete ihre Karriere bereits neben dem Studium als Beilagenredakteurin bei der »Wiener Zeitung«. Kurz vor Abschluss ihrer Dissertation, 1989, wechselte sie die Fronten und heuerte bei einer der damals größten PR-Agenturen Österreichs, escalero, an. Nach 5 Jahren als Senior consultant avancierte Regina Maria Jankowitsch nach dem Verkauf des Unternehmens an die Nr. 7 der Welt, die EURO RSCG-Gruppe, zur geschäftsführenden Gesellschafterin. Sie war damals mit 28 eine der jüngsten PR-Managerin Österreichs und damit, wie sie heute sagt, »menschlich überfordert«. Doch Jankowitsch versuchte, aus der Not eine Tugend, aus der Schwäche eine Stärke zu machen: Innerhalb der nächsten 5 Jahre absolvierte sie vor allem in Deutschland Kurse und Seminare für Gruppendynamik, Verhandlungstaktik & Gesprächsführung, Moderation, Training und Präsentation sowie für klassisches Coaching.

Regina Maria Jankowitsch ist heute – zumindest in Österreich – einer der ganz wenigen weiblichen Trainer und Coaches, die eigenes praktisches Know how als Managerin in einem internationalen Konzern, Journalismus- und PR-Expertise sowie die laufenden Erfahrungen aus den eigenen Bühnen-Auftritten kombinieren können.

Ihr berufliches Credo faßt Jankowitsch mit »Nur wer als Mensch überzeugt, kann erfolgreich führen« zusammen. Ihr persönliches Animo beschreibt sie mit »Das Ziel heißt Leadership. Die Aufgabe lautet daher: Wie inspiriere ich Menschen?«

Ihr persönliches Lebensmotto: »Lieben, Lernen & Lachen«.